Luces de Esperanza

TODAS LAS COSAS TE AYUDAN PARA BIEN

Freddy Silva

FS

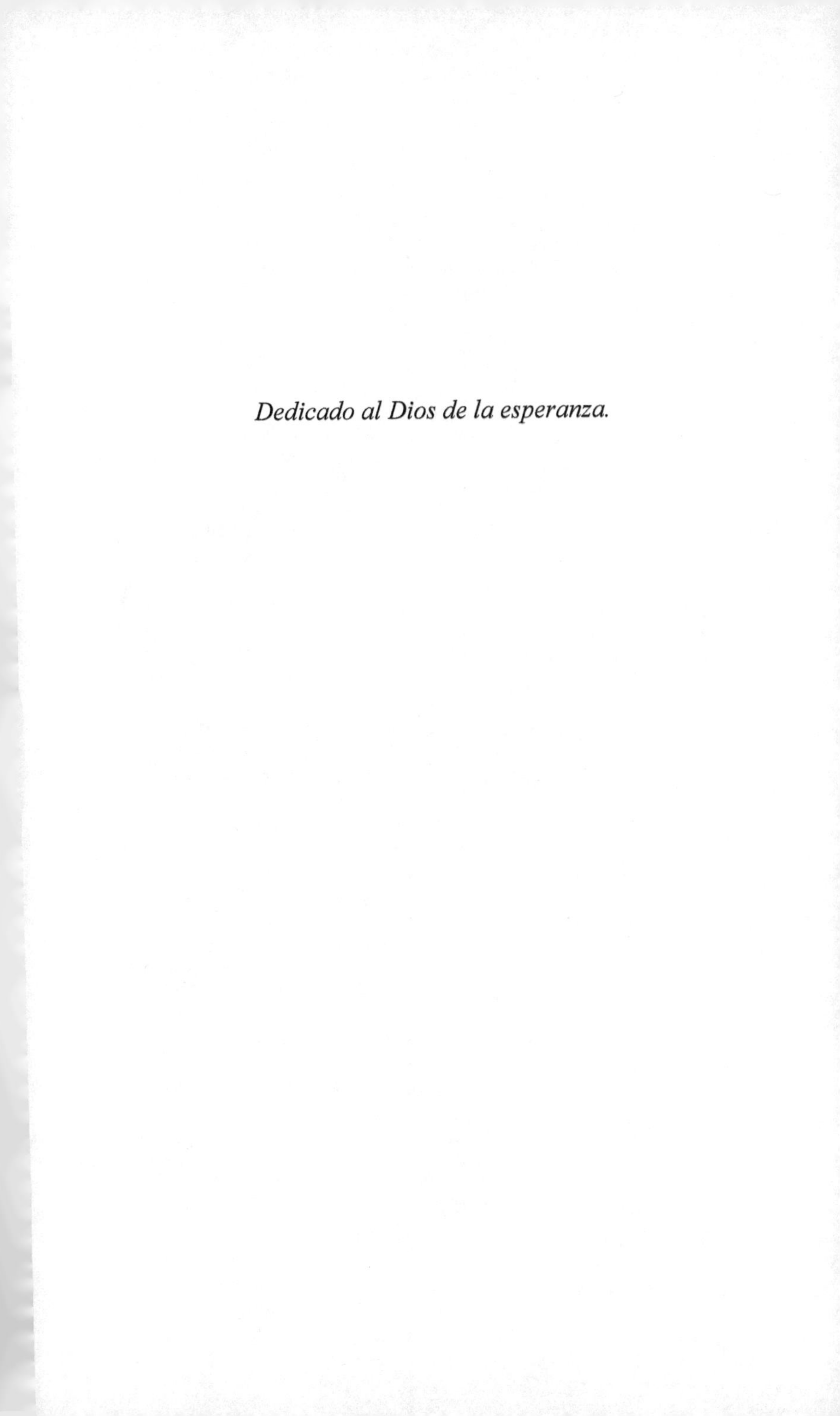

Dedicado al Dios de la esperanza.

Índice

RECOMENDACIONES PARA LEER ESTE LIBRO

Tenemos que darnos cuenta de que cada día es un regalo de Dios. Empieza bien cada mañana conectándote con tu Creador. Puedes leer este libro como tú desees. Sin embargo, amablemente te sugiero que leas la porción destinada para cada día. No te preocupes si por algún motivo no puedes leer lo de un día en particular; simplemente retoma el siguiente día y sigue adelante. Verás en ocasiones que hay la referencia a versículos bíblicos al final de algunos escritos que puedes encontrar en las páginas finales. Haz este libro tuyo, personal y puntual para tu vida. Este devocional nació en el corazón de Dios porque quería encontrarse contigo cada día, proveerte esperanza y sorprenderte al hablar a tu interior de una manera sobrenatural. Experimentarás suceder cosas en tu vida de una forma extraordinaria.

INTRODUCCION

Todos nosotros pasamos por momentos oscuros que no entendemos. Puede ser temporadas de desiertos, tormentas, o crisis en distintos ámbitos. Puede ser que hayas perdido a un ser querido, enfrentado situaciones laborales difíciles, una enfermedad inesperada. Tal vez estés lidiando con una adicción o simplemente te sientes perdido y sin un propósito en esta vida. Esta clase de experiencias son parte del camino de un ser humano. Pero cuando nos encontramos en dichas estaciones, es importante que te mantengas con una perspectiva positiva. No has sido traído hasta aquí para que te quedes a mitad del camino. Dios controla el universo y él sabe cómo y cuándo encontrarse contigo cuando más lo necesitas para guiarte. Mi oración es que a través de estas líneas te encuentres con la luz en medio del caos, se renueve tu fe para continuar y te encuentres con el Dios que te ama. ¿Estás listo? ¡Excelente! El mejor capítulo de tu vida está recién por comenzar.

Freddy Silva

ENERO

"No temas, porque yo estoy contigo; no desmayes, porque yo soy tu Dios que te esfuerzo; siempre te ayudaré, siempre te sustentaré con la diestra de mi justicia."

—Isaías 41:10

ENERO 1

Todas las cosas te ayudan para bien. Muchas veces no entenderás por qué suceden ciertas situaciones. Hay respuestas que solo las podrás obtener cuando te toque partir de esta tierra. Dios controla el universo y utiliza también los momentos oscuros para bendecirte. Tanto los valles, como los picos de montaña, son utilizados para tu bien. Tanto los que te aman como los que traicionan están dentro del plan divino para hacerte avanzar. Dios utiliza a todo y a todos para llevarte hacia tu destino. Todas las cosas te ayudan para bien.

~

ENERO 2

Hay semillas de grandeza en ti. Dios ha depositado, dones, talentos, capacidades, sueños, metas y potencial que solamente pueden salir al pasar por temporadas oscuras. Así como una semilla tiene que estar en la oscuridad antes de que vida salga de ella, así son permitidas los momentos de oscuridad para sacar nuestro máximo potencial. Son más beneficiosos los momentos de oscuridad que las victorias, porque te permiten crecer en tu fe y tu confianza en la bondad divina. Estás en el tiempo en el que tu mayor potencial está siendo desarrollado en tu interior. Hay semillas de grandeza en ti.

~

ENERO 3

Los momentos oscuros te traen bendición. En la palabra de Dios, cada persona que cumplió su destino en grande atravesó esta clase de momentos oscuros. Allí leemos que Moisés, quien fue el libertador del pueblo de Dios, mató a un egipcio y, por lo tanto, tuvo que huir a la soledad del patio trasero de un desierto por cuarenta años. Moisés tuvo que haber pensado que su vida terminaba allí. Sin embargo, él estaba siendo preparado, desarrollando paciencia, humildad, fuerza y confianza. La temporada oscura de un desierto para Moisés fue su entrada y preparación hacia su destino mayor como líder y libertador. Los momentos oscuros te traen bendición.

~

ENERO 4

Puede que no te des cuenta, pero es en los momentos difíciles donde tú realmente creces. Hay situaciones que Dios permitirá en tu vida para forzarte a crecer. A todos nos encanta la comodidad, pero allí no es donde crecemos. Los músculos se fortalecen cuando son expuestos a la resistencia, y sin esta fuerza contraria se atrofian y no hay crecimiento. Igual ocurre con tu fe. Si no eres expuesto a la oposición, a la crítica, a los momentos adversos, es difícil desarrollar tu fe y tu confianza. Tu vida en el presente es un entrenamiento para el futuro. Puede que no te des cuenta, pero es en los momentos difíciles donde tú realmente creces.

~

ENERO 5

Cuando atraviesas algunos momentos oscuros, eres fortalecido. Cuando has pasado varias dificultades, te dejas de quejar de las pequeñas inconveniencias de la vida. No te enojas porque no encontraste estacionamiento. No pierdes tu gozo por el tráfico. No te ofendes porque ese compañero de trabajo es rudo contigo. Cuando las cosas pequeñas te dejan de molestar, es señal de que eres alguien que ha enfrentado problemas verdaderos. Estás creciendo, estás madurando y te estás convirtiendo en la persona que Dios quiere que seas. Cuando atraviesas algunos momentos oscuros, eres fortalecido.

ENERO 6

Dios está trabajando algo en tu vida que solo puede ser trabajado en el fuego de la aflicción. La palabra de Dios dice que tendremos aflicción y nos manda a confiar. Hay cosas que Dios solamente puede trabajar en ti si atraviesas ciertas cosas difíciles. Hay un tipo de sabiduría que solamente puede ser adquirida a través del dolor. Hay lecciones que solamente pueden ser aprendidas al atravesar las pruebas. Lo que sea que estés atravesando, conoce que es lo que está haciendo que Dios trabaje en ti. Dios está trabajando algo en tu vida que solo puede ser trabajado en el fuego de la aflicción.

ENERO 7

Eres ensanchado en la angustia. El rey David escribió en el libro de los Salmos que Dios lo ensanchó en el momento de la angustia. David no fue ensanchado en los momentos buenos; él fue ensanchado cuando las cosas no estaban saliendo como esperaba. Fue cuando estaba en la soledad defendiendo las ovejas de su padre del ataque de osos y leones, donde su fe estaba siendo ensanchada, porque era su preparación y entrenamiento antes de enfrentar gigantes. Es interiormente donde estás siendo engrandecido para lo que viene más adelante para tu vida. Eres ensanchado en la angustia.

ENERO 8

Saldrás del valle en el momento correcto. Los valles en la Palabra de Dios son una metáfora de los tiempos difíciles, temporadas de oscuridad, de desaliento y derrota. Todos atravesamos varios valles en la vida. Los tiempos de derrota preceden los tiempos de victoria. Para que valoremos la abundancia, requerimos pasar por la escasez. Para poder administrar de manera sabia las bendiciones, tenemos que saber lo que es estar en el lado opuesto de las circunstancias. Los valles en tu vida tienen un principio y un final. Saldrás del valle en el momento correcto.

~

ENERO 9

Dios te está pidiendo que confíes en él cuando te encuentras en la oscuridad del valle. Es fácil confiar cuando todo va bien, cuando las cosas salen como esperas, o cuando estás rodeado de la abundancia. No has sido abandonado ni hecho a un costado. Hasta tus cabellos están todos contados. Puede que te sientas abandonado, maltratado, pensando que la vida no ha sido del todo justa contigo, pero Dios te sigue guiando en el camino. Dios te está pidiendo que confíes en él cuando te encuentras en la oscuridad del valle.

ENERO 10

Un nuevo comienzo viene después de la crisis. Antes de comenzar de nuevo, en la mayoría de los casos tienen que pasar momentos difíciles. Es en esos momentos de puntos de quiebre cuando todo por lo que hemos luchado se desmorona. ¿Quién planea atravesar un divorcio o una quiebra financiera? Sin embargo, Dios permite que muchas veces algo se quiebre en nuestra vida antes de comenzar lo nuevo. Para empezar de nuevo lleno de experiencias nuevas, más sabio, y con fortalezas que no estaban en ti antes de atravesar la prueba. Dios ya ha predestinado que tengas un nuevo comienzo. Está en la agenda del cielo que comenzaras con un nuevo brillo. Un nuevo comienzo viene después de la crisis.

ENERO 11

Pasa el examen. Muchas veces queremos experimentar picos de montaña sin pasar por los valles. Queremos la abundancia sin momentos de escasez. Queremos una Tierra Prometida sin atravesar un desierto. Es precisamente en los momentos bajos donde pasamos la prueba para el siguiente nivel. Así como un padre conoce en qué nivel de madurez se encuentra su hijo, así Dios nos conoce a cabalidad y sabe si podemos manejar lo que hemos pedido. Pasa el examen.

~

ENERO 12

Prepárate, ese problema está a punto de cambiar. Puede que hayas estado ya demasiado tiempo en el valle y ya no puedes más. Hay algo que se ha levantado contra ti y no sabes cómo enfrentarlo. Es como un gigante Goliat amenazándote cada día, todos los días. Dice la palabra de Dios que no duerme el que te defiende. Dios ya tiene las soluciones a problemas desde antes de que los tengas. Prepárate, ese problema está a punto de cambiar.

ENERO 13

Entre más grande la decepción, más grande la bendición. Las decepciones son parte de la vida. Recibimos decepciones en lo laboral, en lo familiar, en lo que tiene que ver con las relaciones interpersonales. Hay situaciones que hubiésemos querido jamás atravesar. Hay cosas de las que jamás hubiéramos querido habernos enterado. Así como otras personas nos decepcionan, también nosotros decepcionamos a otros. Puede que el ser humano te haya fallado, pero Dios nunca te fallará. Lo que no sabes es acerca de la bendición que le seguiría a la desilusión. Entre más grande la decepción, más grande la bendición.

ENERO 14

Dios tiene belleza por tus cenizas. Si ya has vivido más de dos décadas en esta vida, ya habrás sufrido algún tipo de dolor que tiene que ver con las relaciones interpersonales. Puede que ya te hayas encontrado cara a cara con la traición, con el menosprecio y con el desdén. Dios siempre será tu recompensa. Entre más te encuentres con personas que te dañen, más recompensado serás. Porque tu recompensa no viene de los seres humanos. Se te dará bellezas por tus cenizas y gozo por tu duelo. Después de lamentarte, bailarás de alegría. Dios tiene belleza por tus cenizas.

Ver Salmos 30:11

ENERO 15

No estás enterrado, estás plantado. Hay una diferencia entre lo uno y lo otro. Tiene que ver con la expectativa. No se espera nada de algo que se entierra, pero sí se espera algo de algo que se planta. Lo que se planta evoluciona en algo mayor, lo que se entierra está destinado a descomponerse. Tanto algo enterrado como algo plantado están experimentando las mismas circunstancias, pero solo lo plantado sale a la luz para dar fruto. Deja que el proceso tome lugar y no quieras el fruto sin pasar el proceso. No estás enterrado, estás plantado.

ENERO 16

Cuando algo está muriendo, es cuando Dios está haciendo nacer algo nuevo. Cuando una etapa termina, es cuando algo nuevo está por comenzar. Si no sueltas lo que fue, no puedes abrazar lo que viene. Hay relaciones que mueren, proyectos que terminan, etapas que expiran y lugares donde ya no tenemos que estar. Jesús tuvo que morir para poder traer vida. La semilla en la tierra tiene que morir antes de nacer. Hay talentos, dones, capacidades que no surgen de ti si primero no hay partes de tu vida que tienen que morir. Cuando algo está muriendo, es cuando Dios está haciendo nacer algo nuevo.

ENERO 17

Dios está obrando detrás de escenas. En muchas ocasiones sentirás que las cosas no están cambiando, que nada está mejorando, que todo va de mal en peor. Son en esos momentos donde sientes a Dios distante, que no escucha las oraciones, y que tus problemas parecieran no ser tan importantes. Pero esa es una percepción errónea de la realidad. A Dios le importa la arena en tu zapato y hasta los pequeños detalles. Recuerda siempre que si a ti te importa, a Dios le importa. Aunque en el exterior luzca que nada está ocurriendo, el cambio está ocurriendo en el interior. Dios está obrando detrás de escenas.

~

ENERO 18

Las estaciones nocturnas son un tiempo de prueba. La prueba que se pasa en estas estaciones es la prueba de la confianza. ¿Puedes confiar en Dios en los tiempos difíciles? Porque es fácil confiar cuando todo va bien, pero que tal de los momentos donde no ves nada suceder en el exterior. Pasar estos tiempos de pensar que uno es abandonado es parte de la vida. La prueba se pasa cuando nuestra fe y confianza no disminuyen, por lo que podamos estar atravesando, Las estaciones nocturnas son un tiempo de prueba.

ENERO 19

La estación nocturna es temporal. Tiene que haber doce horas de día para que haya doce horas de noche. Las distintas estaciones tienen su principio y su final. Puede que en estos momentos sientas que lo que estás atravesando es eterno y pareciera como que nunca va a terminar. Pero su terminación está en curso. Los desiertos tienen fecha de caducidad y las temporadas nocturnas también. Tus días no terminan en esta temporada. La estación nocturna es temporal.

~

ENERO 20

Dios permite la traición en tu vida, porque sabe de antemano que eso será utilizado para alcanzar tu destino. Hay situaciones y enemigos que son permitidos no para detenerte, sino para elevarte. Un rey lleno de envidia llamado Saúl, no pudo detener a que David llegara a convertirse en rey de Israel. Los fariseos, quienes eran la oposición de Jesús, no estaban allí para detenerlo, sino para que lo que estaba escrito se cumpliera. Si hay enemigos que Dios está permitiendo en tu vida, tienes que saber que están siendo utilizados para elevarte. Dios permite la traición en tu vida, porque sabe de antemano que eso será utilizado para alcanzar tu destino.

ENERO 21

Viene la mejor parte. Dios va a hacer algo en tu vida algo tan inusual, tan extraordinario, que estarás tan sorprendido, que lo primero que harás es explotar de risa. No te cabrá ninguna duda que la mano bondadosa del Señor tu Dios estuvo en todo y de la manera que fue hecho te dejará sin palabras. Viene la mejor parte.

ENERO 22

Que las estaciones difíciles no te convenzan de que ya has visto tus mejores días. Nada más lejos de la realidad y de los planes de bien que. Dios tiene para tu vida. Tus mejores temporadas no quedaron en los tiempos de antaño. Tus mejores días están por delante llenos de futuro y esperanza. Cuando venga la tentación de mirar constante- mente hacia atrás, recuerda que por mucho que te remontes en tus pensamientos hacia el pasado, no puedes cambiar nada de lo que ocurrió. Lo mejor está por venir. Que las estaciones difíciles no te convenzan de que ya has visto tus mejores días.

Ver Jeremías 29:11

~

ENERO 23

Lo que está siendo destinado para hacerte mal, Dios lo está usando para tu ventaja. En la palabra de Dios dice que la venganza y la retribución le pertenecen a Dios. Tú tienes quien te defienda en los cielos. Así como tú no permitieras que alguien extraño viniera a hacerle daño a un hijo tuyo mientras estás presente, así Dios cuida de los suyos de día y de noche. Suelta todo deseo de venganza y entrega tu caso al juez del universo. Lo que está siendo destinado para hacerte mal, Dios lo está usando para tu ventaja.

Ver Deuteronomio 32:35

ENERO 24

Si vas a engrandecer algo, no engrandezcas tus problemas, engrandece a tu Dios. Cuida qué sale de tu boca, especialmente cuando las cosas estén difíciles. De la manera en que definas el tamaño de algo con tus palabras, es del tamaño que se quedará como parte de tu realidad. Ya no hables de lo grande que son tus problemas, habla de qué tan grande es tu Dios. Puede que los problemas luzcan como una montaña, pero fue el Señor tu Dios quien creo todas las montañas y para él los problemas que se presentan como grandes, en verdad no lo son. Si vas a engrandecer algo, no engrandezcas tus problemas, engrandece a tu Dios.

~

ENERO 25

Cada día que te mantienes en fe, cada día que tienes una buena actitud, pasas la prueba. Absolutamente, todos estamos cursando de una manera u otra una materia de fe. Tenemos que tener fe en las finanzas, en las relaciones, en los retos laborales. La vida misma requiere de mucha fe. Cada vez que no te dejas caer, que decides creer, que decides no quedarte derrumbado, es cuando estás pasando exitosamente la materia de la fe. La palabra de Dios dice que sin fe es imposible agradar a Dios. Por lo tanto, cada vez que decides seguir creyendo, aunque tu vida no sea perfecta, le estás agradando. Cada día que te mantienes en fe, cada día que tienes una buena actitud, pasas la prueba.

Ver Hebreos 11:6

~

ENERO 26

Puede que no te estés dando cuenta, pero Dios te está preparando para tu regreso. Puede que estés atravesando alguna situación difícil debido a una mala decisión que tomaste. Puede que fue alguien más quien te dejo caer y vino a destruir lo que tanto luchaste por construir. Cualquiera que sea la situación en la que estás viviendo, estás en entrenamiento. Esto es el preámbulo para algo nuevo, y para algo mejor. Puede que no te estés dando cuenta, pero Dios te está preparando para tu regreso.

ENERO 27

Te estás volviendo más fuerte. Hay una fortaleza que solo puede salir y desarrollarse al pasar por momentos difíciles. Dios en su infinita sabiduría sabe cómo usar las temporadas oscuras en tu vida para hacerte bien. Tu carácter se está desarrollando, tu manera de ver las cosas, tu fe está siendo fortalecida. En el futuro, necesitarás la fe que se está desarrollando en ti hoy. Lo que sea que estés enfrentado, recuerda que una de las finalidades es prepararte. Te estás volviendo más fuerte.

~

ENERO 28

Estás a punto de ir a un nuevo nivel. Pero para ello, necesitas este periodo de transformación. La mariposa tiene que pasar por el tiempo de ser una oruga. A todos nos gustaría obtener recompensa sin dolor, sin transformación, sin temporadas oscuras. Sin embargo, son precisamente las temporadas oscuras donde ocurren realmente los cambios significativos para toda la vida. Así como una mariposa jamás vuelve a ser oruga, así te estás transformando en alguien que no volverá a esta etapa. Puede que sea difícil, pero te es necesario. Estás a punto de ir a un nuevo nivel.

~

ENERO 29

Mantén una buena actitud; todo es parte del proceso. La actitud que tengamos durante el desierto tiene mucho que ver para pasar la materia. Puedes pasar la prueba siendo agradecido o quejándote por lo que está ocurriendo. Hay muchas más cosas que conforman nuestra vida por las cuales estar agradecido. Tienes un día más con aliento de vida. Puedes usar aún muchos de tus sentidos. Todavía puedes utilizar tu mente para trabajar, estudiar o comunicarse. Puede que sea difícil lo largo de un desierto, pero la actitud con que lo atraviesas tiene mucho que ver para la terminación de la prueba. Mantén una buena actitud: todo es parte del proceso.

~

ENERO 30

Los cielos están a punto de abrirse en tu vida. Dios va a hacer cosas en tu vida que tú no podrías hacer que sucedan. Solo recuerda que a Él le pertenece toda la gloria. Cuando el desierto termine, cuando pases el umbral hacia la Tierra Prometida, cuando te encuentres rodeado de abundancia, entonces te darás cuenta de lo necesario que fue tu paso por el desierto. Tu perspectiva está siendo cambiada para que abraces la bendición de una manera diferente. Los cielos están a punto de abrirse en tu vida.

ENERO 31

Dios no se detendrá hasta que te haya dado lo que Él te ha prometido. Puedes confiar en su fidelidad. Los seres humanos cometemos el error de fallarnos los unos a los otros. A veces decepcionamos a otras personas con nuestras palabras y acciones. Todavía con todos está ocurriendo un trabajo interno y en el trayecto les fallamos a otros en mantener nuestra palabra. Pero Dios no es así. Una de las características de su carácter es la fidelidad. Aunque tú le falles y a veces tomes malas decisiones, Él se mantiene fiel a su palabra y firme con su pacto. Dios no se detendrá hasta que te haya dado lo que Él te ha prometido.

~

FEBRERO

"Porque yo sé los pensamientos que tengo acerca de vosotros, dice Jehová, pensamientos de paz, y no de mal, para daros el fin que esperáis."

— Jeremías 29:11

FEBRERO 1

Hay cosas que pueda que luzcan permanentes en tu vida, pero puedes agradecer porque están cambiando a tu favor. Dios es especialista en cambiar las cosas cuando no están a la vista. Él es el que trabaja en las cosas que no se ven. Puede que te encuentres atravesando una etapa de oscuridad en tu vida y te gustaría que todo estuviera pasando de manera diferente. ¡Pero confía! La luz está a punto de salir en tu horizonte. Hay cosas que puede luzcan permanentes en tu vida, pero puedes agradecer porque están cambiando a tu favor.

~

FEBRERO 2

No te quejes de las temporadas oscuras, porque son precisamente las que te están guiando a lo que Dios tiene preparado para ti. Muchas veces nos quejamos de la puerta que se cierra, pero sin que eso suceda, no podemos ser guiados hacia la puerta correcta. Nos quejamos de la traición y es lo que tiene que ocurrir para cumplir nuestro propósito en esta tierra. No te has dado cuenta, pero son los valles los que te llevan a los picos de montaña. Son los caminos pedregosos de los costados los que nos llevan a la cima. La paz viene, la prosperidad viene, las personas correctas vienen. No te quejes de las temporadas oscuras, porque son precisamente las que te están guiando a lo que Dios tiene preparado para ti.

~

FEBRERO 3

Puede que no lo entiendas, pero Dios no lo hubiese permitido si él no lo iba utilizar para tu ventaja. Las situaciones ocurren en tu vida con una razón y con un propósito. Nada le toma por sorpresa a Dios. Él está al tanto de absolutamente todo lo que ocurre en tu vida. Has sido visto tanto en la soledad como en la compañía. Las veces que te ha tocado levantarte después del azote de alguna tormenta personal y cuando has estado a punto de rendirte por el calor del desierto. Aunque no lo mires, aunque no lo sientas o aunque no lo entiendas; pero Dios ha estado más cerca de ti de lo que piensas. Puede que no lo entiendas, pero Dios no lo hubiese permitido si él no lo iba utilizar para tu ventaja.

～

FEBRERO 4

Todo está ayudando para tu bien. Tal vez estás pidiendo que una situación termine, que las puertas se abran o que alguien cercano cambie. Pero he aprendido que hay que dejar que Dios lo haga a su manera. Hay cosas que están siendo cambiadas sin que sean percibidas por el ojo humano. Ora por las peticiones de tu corazón, pero deja que Dios decida hacerlo a su manera y en sus tiempos. Jesús hizo una oración en el Getsemaní pidiendo no sufrir al ir a la cruz, pero terminó su oración pidiendo que no si hiciera su voluntad, sino la de su Padre en los cielos. Dios está trabajando en su plan para tu vida. Todo está ayudando para tu bien.

FEBRERO 5

En este momento, Dios está obrando en tu vida detrás de escenas. Hay cosas que solo pueden ser desarrolladas sin exposición a la vista humana. Dios es experto en transformar cosas y dar vida en la oscuridad. Así como una semilla tiene que estar bajo la tierra o una nueva vida tiene que estar en el vientre de una madre; así Dios actúa en la vida de los suyos. Las cosas están siendo transformadas sin que tú las puedas ver. Aunque no mires los cambios externos, confía en que Dios está trabajando en lo interno y en lo que no puedes ver. En este momento, Dios está obrando en tu vida detrás de escenas.

FEBRERO 6

Confía a pesar de las frustraciones ocultas. La vida parece estar llena de contradicciones que tratan de mantenernos en un período de oscuridad perpetuo. Todos tenemos frustraciones ocultas. Todos tenemos esas áreas de nuestra vida que nos gustaría que fueran diferente. ¿Acaso no te ha tocado enfrentar cosas que no tienen sentido? ¿Acaso todo se ha desarrollado en tu vida sin frustraciones ni contradicciones? Y es porque parte de aprender a confiar es hacerlo a pesar de esas situaciones que nos gustaría que fueran diferente. Dios sigue siendo bueno a pesar de lo que puedas estar atravesando. Todavía hay planes de bien para tu vida a pesar de que esta no sea perfecta. Confía a pesar de las frustraciones ocultas.

~

FEBRERO 7

Lo que Dios no remueva de tu vida o se tarde en remover, te está ayudando para bien. Hay situaciones que tardan en cambiar y otras que, por alguna razón, Dios decide no cambiar. Leemos en la Palabra de Dios que el apóstol Pablo, quien era apasionado acerca de su llamado y lo hizo con diligencia, tuvo que lidiar también con frustraciones ocultas. Dios decidió no quitar de él algo que él llamó un "Aguijón en la carne" y mencionó que fue para que no se enalteciera desmedidamente. Pablo tuvo que aprender a contentarse a pesar de que su frustración no fue removida de su vida. Y es que Dios nos quiere enseñar a que no dependamos de las respuestas a nuestras oraciones para contentarnos. Todo te está ayudando para bien. Lo que Dios no remueva de tu vida o se tarde en remover, te está ayudando para bien.

Ver 2 Corintios 12:7-8

FEBRERO 8

Dios ya te ha dado la gracia para estar allí. Lo que hace la diferencia es tener el favor de Dios para sobrellevar lo que sea que puedas estar enfrentando. Las situaciones no son permitidas en tu vida a menos que tengas la capacidad para soportarlo. Cuando fuiste creado en el vientre de tu madre, fue puesto en ti todo lo que en su momento ibas a necesitar en todo el trayecto de tu vida. Dios nunca nos prometió ausencia de desiertos, pero sí dijo que estaría con nosotros a través de ellos. Lo que sea que estés enfrentando, recuerda que ya tienes el favor para sobrellevarlo. Dios ya te ha dado la gracia para estar allí.

Ver Isaías 41:10

FEBRERO 9

Si vas a alcanzar tu máximo potencial no puede ser desde la debilidad. Tienes que ser un guerrero. Ya te habrás dado cuenta de que en la vida uno debe de enfrentarla con fortaleza. Hay muchas situaciones que vendrán a nuestra vida donde nos toca ser fuertes y pelear. Dice la Palabra de Dios acerca de pelear la buena batalla de la fe. A Dios no le interesa que llegues a un lugar, sino en lo que te conviertas en el trayecto. La fortaleza en ti solo puede desarrollarse al enfrentar momentos desafiantes. Si te encuentras atravesando determinada situación, es porque fuiste creado con la fortaleza interna para enfrentarlo. Si vas a alcanzar tu máximo potencial no puede ser desde la debilidad. Tienes que ser un guerrero.

Ver 1 Timoteo 6:12

~

FEBRERO 10

Dios sabe lo que está haciendo. Sus caminos son mejores que los nuestros. Muchas veces pensamos que cierto trabajo, cierta relación, cierto emprendimiento es el mejor, pero tal vez no lo sea. La mayoría juzgamos de cómo nuestra lógica nos dice que determinado camino a tomar va a ser el mejor, pero solo Dios puede ver más adelante en lo que puede devenir ir por determinada dirección. Tú puedes ver nada más lo que se ve desde la tierra, pero Dios puede ver lo que se mira desde el cielo. Lo que te parece bueno, puede que no lo sea. Pide dirección divina y sabiduría antes de dirigirte por determinada senda. Dios sabe lo que está haciendo. Sus caminos son mejores que los nuestros.

FEBRERO 11

Fe es confiar en Dios cuando la vida no tiene sentido. Hay muchas respuestas que no las obtendrás en este lado de la eternidad. Hay cosas que nunca sabrás por qué sucedieron como sucedieron. Es en esos precisos momentos donde toca confiar en que Dios sabe lo que está haciendo y conoce sus propósitos. Es fácil tener fe cuando todo sale como esperas y cuando no enfrentas vientos en contra. Sin embargo, la fe se fortalece cuando es ejercitada. Decide creer, decide confiar, decide en continuar aunque no te haga sentido. Fe es confiar en Dios cuando la vida no tiene sentido.

~

FEBRERO 12

La gracia divina te es suficiente para cada situación. La palabra de Dios dice que cuando el apóstol Pablo pidió que fuera quitado de él lo que significaba su frustración, la respuesta de Dios fue que su gracia le era suficiente. A veces pedimos a Dios que quite algo de nuestra vida cuando lo que él quiere es que tengamos un encuentro con la gracia. Cualquier cosa que atravieses en tu vida, por muy fuerte que sea, te basta la gracia que viene de arriba. Aun cuando no lo entiendas, aunque no parezca justo, decide seguir confiando. No permitas que las frustraciones te priven de tu destino. La gracia divina te es suficiente para cada situación.

Ver 2 Corintios 12:9

FEBRERO 13

Si Dios ha hecho por ti algo en el pasado, lo volverá a hacer. Recuerda las veces que has necesitado ayuda y has salido adelante. Las veces que tal vez has estado a punto de morir o en situaciones de extrema necesidad. El amor divino para contigo no cambia, ni te hace a un costado por alguna mala decisión que tomaste o algún error que cometiste. El mismo Dios que estuvo en tu pasado, está en tu presente y por siempre estará en tu futuro. Recuerda las veces que has sido rescatado. Si Dios ha hecho por ti algo en el pasado, lo volverá a hacer.

~

FEBRERO 14

Que tus limitaciones no te intimiden, sino que sean un recordatorio de la dependencia que tienes de Dios. Absolutamente todos tenemos limitaciones. Leemos en el Antiguo Testamento acerca del patriarca Abraham que sufría de miedo a pesar de que fue llamado Padre de la fe. Leemos acerca de Moisés que era tartamudo. También leemos de un Pedro de carácter impulsivo y emocional. Todas las personas que Dios usó en las Escrituras tuvieron limitaciones. Dios no te escogió por tus fortalezas solamente, él también tomó en cuenta tus limitaciones. Porque son precisamente esas limitaciones las que te mantienen confiando y mirando constantemente hacia arriba. Que tus limitaciones no te intimiden, sino que sean un recordatorio de la dependencia que tienes de Dios.

FEBRERO 15

Ya tienes lo que necesitas. Si Dios no remueve algo, no es un accidente. Él sabe lo que está haciendo. En las Escrituras puedes leer como Dios no quitó el impedimento del habla de Moisés para poder usarlo, ni quitó de Pablo lo que pensaba que era su limitación. Los planes divinos para tu vida van más allá de tus limitaciones y de lo que piensas que necesitas, ya lo tienes. Hay cosas que no necesitas que sean removidas de ti, sino que las veas a través de los ojos de la gracia. Todo fue puesto en ti desde el vientre de tu madre. Ya tienes lo que necesitas.

FEBRERO 16

Raceite de los olivos es presionándolos. Si Dios esiste! La única manera de obtener el valioso permite algo en tu vida, es porque sabe de antemano que va a utilizar esa circunstancia para tu bien. Puede que te encuentres experimentando una fuerte presión en una área que has pensado que no te está sirviendo de algo. Lo que no sabes, es que es precisamente esa presión permitida por Dios, la que está construyendo tu mejor versión. Lo que está ocurriendo en tu vida, es lo que estás necesitando para crecer, madurar y adquirir sabiduría. ¡Resiste! La única manera de obtener el valioso aceite de los olivos es presionándolos.

FEBRERO 17

Nada sucede por accidente. Si Dios no está removiendo algo de tu vida, hay una razón. Puede que pienses que necesitas determinada cosa o situación para ser feliz. Tal vez piensas que si tus circunstancias fueran diferentes, que si tuvieras determinada oportunidad o si tan solo no tuvieras esa determinada limitación, entonces todo sería diferente. Sin embargo, son precisamente tus limitaciones, en cierta medida, las que necesitas para impulsarte a alcanzar tu destino. Son precisamente tus limitaciones y obstáculos lo que te obliga a depender de Dios y de su gracia. Nada sucede por accidente. Si Dios no está removiendo algo de tu vida, hay una razón.

FEBRERO 18

Dios puede estar usando un aguijón en tu vida para desarrollar tu carácter y hacerte crecer. Solamente Él sabe la razón por la cual él permite que los aguijones permanezcan en nuestra vida. Hay ciertas lecciones que sola- mente se aprenden en el fuego de la aflicción. Hay cosas que necesitamos experimentarlas. Hay un tipo de sabiduría que solamente se aprende a través del dolor. Si no tuvieras en tu vida ciertos aguijones y limitaciones, no estarías esforzándote en tener fe, ni en continuar a pesar de las circunstancias. Mira tus limitaciones con una nueva perspectiva. Nada está por error en tu vida. Dios puede estar usando un aguijón en tu vida para desarrollar tu carácter y hacerte crecer.

～

FEBRERO 19

No puedes ser promovido a un nuevo nivel, sin preparación. La antesala para una Tierra Prometida es una temporada de desierto. Antes de Moisés convertirse en libertador, tuvo que pasar cuarenta años en el patio trasero de un desierto. Antes de que Jesús fuera a realizar milagros y tuviera tres años de visibilidad, tuvo que tener treinta años de anonimato en una carpintería. Antes de ir a un nuevo nivel, Dios permite temporadas que nos preparan y nos forman. Recuerda siempre que las crisis son una preparación para ir hacia algo mejor que tu situación actual. Si estás en alguna situación difícil, significa que estás siendo entrenado para algo mayor. No puedes ser promovido a un nuevo nivel, sin preparación.

FEBRERO 20

Regresa al lugar de la paz. No se supone que debes de vivir frustrado porque un problema no está mejorando. No vivas estresado porque ese familiar no cambia o porque ese sueño se está tomando mucho tiempo para que se haga realidad en tu vida. Si algo no está cambiando o mejorando, hay una razón para ello. Todas las cosas ocurrirán de acorde a la voluntad divina y al tiempo divino. Regresa al lugar de la paz.

FEBRERO 21

Permite que tu carácter se desarrolle. Nuestro carácter es más importante que nuestro talento. A Dios no le importa mucho que lleguemos a un lugar, sino como lleguemos allí. Es fácil confiar en Dios en los buenos tiempos. ¿Pero puedes confiar en él en la frustración, cuando las cosas no han cambiado? ¿Pasarás la prueba y te tomarás de tu fe aunque no lo entiendas? Porque al pasar por estas situaciones difíciles y perseverar cuando no sentimos hacerlo, es cuando nuestros músculos espirituales se fortalecen. Permite que tu carácter se desarrolle.

FEBRERO 22

Dios te está cambiando. Las mayores transformaciones en las personas ocurren de manera interna. Dios siempre empieza trabajando en lo que no se puede percibir a simple vista. Puede que nada esté ocurriendo en el exterior, pero si te mantienes con la actitud correcta, algo está ocurriendo en tu interior. Estás creciendo, estás madurando, te estás convirtiendo en la persona que fuiste destinado para ser. Dios te está cambiando.

~

FEBRERO 23

Estás siendo preparado para ir a otro nivel. A todos nos gustan las cosas fáciles, sin mayor esfuerzo y sin entrenamiento. El problema de querer las cosas sin el proceso que conlleva, es que tu carácter no se desarrolla. Reconoce que lo que estás atravesando es un examen. Si te mantienes creyendo, haciendo lo correcto, Dios te llevará donde se supone, debes de estar. Estás siendo preparado para ir a otro nivel.

FEBRERO 24

Haz lo que puedas hacer, pero confíale a Dios en lo que no puedas hacer. Los seres humanos de muy pocas cosas realmente tenemos el control. Tienes el control de tu esfuerzo, pero no de los resultados. Tienes el control de lo que permites entrar a tu mente, pero no de lo que los demás piensan. No tienes el control de tu personalidad, pero sí de tu actitud. Acerca de muchas cosas y circunstancias, se trata de entregárselas a Dios, dejar que él actúe y a nosotros nos resta el esforzarnos en lo que sí está en nuestra parte por hacer. Verás que si haces diligentemente tu parte, Él no fallará en hacer la suya. Haz lo que puedas hacer, pero confíale a Dios en lo que no puedas hacer.

FEBRERO 25

Ten paz con quien tú eres. Dios a cada uno nos dio dones, talentos, personalidad, capacidades y una misión única. Todo lo que necesitas fue puesto en ti desde el vientre de tu madre. Si un don no lo tienes, es porque no lo necesitas para cumplir tu propósito en esta tierra. Puede que otros tengan otros talentos, capacidades o formas de hacer las cosas, pero eso son ellos, no eres tú. Lo que se te fue dado, es lo que necesitas. Reconcíliate con quien eres y con lo que se te fue dado, y haz lo que más puedas con ello. Ten paz con quien tú eres.

FEBRERO 26

Sé feliz aunque ese cambio que pides suceda o no suceda. Mira que tu contentamiento no sea hasta que Dios cambie cierta situación, cuando mueva el corazón de ciertas personas o hasta que determinada puerta se abra. Es fácil idolatrar a los milagros y no al Señor, quien es el que obra los milagros. Determínate a ser feliz y mantenerte en paz aun así Dios se tardase o decida no cambiar determinada situación en tu vida. Pasas la prueba cuando tu gozo ya no está regulado por tus peticiones cumplidas. Sé feliz aunque ese cambio que pides suceda o no suceda.

~

FEBRERO 27

Todos los caminos donde Dios te ha llevado han sido parte de su plan. Él no te lleva por una línea recta. Habrá desvíos, obstáculos, decepciones, traiciones, caídas, pérdidas, errores y frustraciones. Todo eso es parte de su plan. Hasta tus caídas y debilidades, él las conoce de antemano y, aun así, decidió hacerte parte de su familia y de sus planes. Te podrías preguntar, ¿por qué si Dios es perfecto, por qué no nos permite vivir una vida perfecta y sin contratiempos? Es porque estamos en un mundo caído de oscuridad donde fuimos puestos para encontrarnos con la luz. Dios nunca nos prometió ausencia de tormentas, pero sí prometió que resistiríamos a ellas siempre y cuando nuestra casa estuviera fundada sobre la roca. Todos los caminos donde Dios te ha llevado han sido parte de su plan.

~

FEBRERO 28

Dios removerá lo que se supone que tiene que ser removido de tu vida. Lo que él haga, no haga o se tarde en hacer, hay una razón para ello. Determínate en ser feliz aunque Dios no hiciera o se tardara en obrar el milagro. ¿Puedes seguir alabando a Dios aunque se tardara en obrar o si decidiera no hacerlo de la manera que esperas? Cuando le entregas a Dios algo, es porque estás determinado en aceptar la resolución de lo que él decida hacer. Pon toda tu fe en Dios y confía en él, pero al final, que se haga como él decida. Cualquiera que sea el resultado de tu petición, siempre te ayudará para bien. Y si algo tiene que ser quitado de tu vida, será hecho en su debido tiempo. Dios removerá lo que se supone que tiene que ser removido de tu vida.

MARZO

"Te haré entender, y te enseñaré el camino en que debes andar; Sobre ti fijaré mis ojos."

— Salmos 32:8

MARZO 1

Confía en Dios con lo que no tiene sentido. No vas a entender todo lo que sucede. La fe se trata de confiar en Dios cuando la vida no tiene scented. Siempre habrá interrogantes sin respuesta. Que las cosas se tarden en suceder, que no salgan como lo esperábamos o que recibamos un "no" por respuesta; todo es parte de un plan. Hay situaciones que si no suceden de determinada manera, no nos ayudaría a avanzar en el camino hacia nuestro destino. Atrévete a confiar en Él. Confía en Dios con lo que no tiene sentido.

~

MARZO 2

Dios puede ver cosas en ti que tú mismo no puedes ver. No todas las personas te conocen a cabalidad. Puede que tengas personas cercanas que conocen mucho de ti, de tu personalidad, de tu carácter, y de tus convicciones. También hay una parte de ti que solamente tú conoces y nadie más. Pero hay otra parte muy interna de ti que solamente Dios conoce y que ni tú mismo conoces. Esa es la razón por la cual Dios nos permite pasar materias que necesitamos atravesar para crecer, madurar, y ser forjados interiormente. Tu Padre que te formó en el vientre de tu madre conoce mejor que nadie tus debilidades y fortalezas. Él no solamente puede ver tus partes rotas, sino también puede ver el potencial, los dones y las capacidades que fueron puestos en ti para cumplir tu misión en esta tierra. Dios puede ver cosas en ti que tú mismo no puedes ver.

MARZO 3

El plan de Dios es más grande que el plan que tienes para ti. En las Escrituras leemos que el plan divino para tu vida es un plan de bien para darte un futuro y una esperanza. Recuerda que tú puedes ver nada más de lo que se ve desde la tierra, pero Él puede ver lo que se ve desde el cielo. Siempre los caminos de Dios serán mejor que los nuestros. Y lo que pensamos que es la mejor senda, puede que no lo sea. Confía en que sin importar como se desarrollen las cosas, o de la manera que sean contestadas tus peticiones, siempre será lo mejor. El plan de Dios es más grande que el plan que tienes para ti.

Ver Jeremías 29:11

MARZO 4

Todo es parte del plan de Dios. Como ya te habrás dado cuenta, tu vida no se ha ido desarrollando en una línea recta. Dios te permite pasar, desiertos, obstáculos, caídas, vueltas innecesarias en el desierto, pérdidas y una buena dosis de tormentas. En muchas ocasiones puede que te preguntes por qué está sucediendo lo que está sucediendo o porque se ve como que en ocasiones estás retrocediendo en tu vida. Confía en el plan divino, aunque no lo entiendas. Confía aunque parezca que te estás dirigiendo a la dirección contraria. Todo es parte del plan de Dios.

~

MARZO 5

Dios todavía está dirigiendo tus pasos. A veces llegamos a pensar que debido a que hemos fallado tanto, debido a que hemos tomado tantas malas decisiones o porque hemos tenido tantos obstáculos, que Dios ya no está interesado en dirigirnos. Nada más lejos de la realidad. El amor de Dios para tu vida es incondicional, aun por encima de tus debilidades y desempeño. Así como tú amas a tus hijos a pesar de sus calificaciones o a pesar de que a veces no se comporta como quisieras, así Dios no deja de amarte, aunque en su momento hayas tomado malas decisiones o todavía estés lidiando con áreas de tu carácter. Pide dirección y verás cómo se te es dada. Dios todavía está dirigiendo tus pasos.

Ver Salmos 32:8

MARZO 6

El enemigo no está en control de tu vida; Dios está en control. No temas de lo que puedas encontrar en el futuro, porque Dios también estará allí. Nada puede suceder en tu vida a menos que sea permitido con un propósito. Dios controla el universo. Las Escrituras dicen que no duerme el que cuida a Israel. Dios se toma en serio el proteger a los que son de su propiedad y los defiende de día y de noche. Para que alguien te provoque algún tipo de daño, tiene que tener una autorización del cielo para tocarte. El enemigo no está en control de tu vida; Dios está en control.

Ver Salmos 121:3-4

~

MARZO 7

Si tienes confianza sin condiciones, no puedes ser derrotado. Una de las materias que todos tenemos que atravesar es la de la confianza. ¿Confías en Dios incondicionalmente? ¿Confías aún en los momentos donde las cosas salen contrarias a tus planes? El tener confianza sin condiciones es que sin importar de lo que esté ocurriendo en lo externo, tú sigues confiando en que Dios tiene el control de todo y sabe lo que está haciendo. Decide confiar incondicionalmente. Decide anclarte a la esperanza sin importar que tan fuerte soplen los vientos. Si tienes confianza sin condiciones, no puedes ser derrotado.

MARZO 8

Las fuerzas que están contigo son más numerosas que las fuerzas que están contra ti. El poder De Dios sobrepasa el poder del mal. Es cierto que a la maldad se le ha dado un tipo de autoridad en esta tierra. Pero con respecto a la protección que Dios les concede a los suyos, son más grandes que cualquier fuerza contraria. Es como que alguien quiera venir a hacerle daño a tu pequeño hijo que juega en el jardín de enfrente de tu casa, mientras tú estás presente. Nadie puede venir a lastimar a ninguno de tus hijos en tu presencia. De la misma manera, nadie puede hacerte daño mientras Dios esté presente en tu vida. Las fuerzas que están contigo son más numerosas que las fuerzas que están contra ti.

$\sim$

MARZO 9

En estos momentos, Dios está obrando en el plan que tiene para tu vida. Nada es permitido que exista en esta tierra si no hay un plan para ello. Absolutamente todo en esta tierra está cumpliendo un propósito de existir. Por su puesto que esto también aplica para tu vida; eres parte de un plan. No pienses que porque has tenido temporadas contrarias, el plan para ti ha sido cambiado o cancelado. Dios no aborta planes. Él hace pasar sus pensamientos para con los suyos y conoce el final desde el principio. En estos momentos, Dios está obrando en el plan que tiene para tu vida.

~

MARZO 10

El plan de Dios siempre es mejor. Hay cosas que no puedes ver y que él sí puede ver. Hay cosas que están veladas a nuestros ojos mientras estemos en este plano de vida. Los planes de Dios siempre serán más grandes y más satisfactorios que tus planes. Un día agradecerás que tus oraciones no fueron contestadas de la manera que te pediste. Porque hay oraciones que si son contestadas de la manera que piensas, limitaría tu destino y no te haría del todo bien. Lo único que debes saber es que Dios está en control y que ya tiene los planes de bien para contigo. El plan de Dios siempre es mejor.

$\sim$

MARZO 11

Todo está obrando para tu bien. Las Escrituras dicen que todas las cosas les ayudan a bien, a los que aman a Dios. Ya no pelees por las puertas que se cierran. Son precisamente las puertas que se cierran las que te conducen a las puertas correctas. Si ciertas temporadas no terminaran en nuestra vida, si ciertas personas no se marcharan, si no fuéramos sacados de nuestra conocida zona de confort; no podrías ser llevado a cabalidad al plan divino diseñado para tu vida. Puedes tener la seguridad que cuando lo bueno y lo malo suceda, será utilizado para tu avance. Todo está obrando para tu bien.

Ver Romanos 8:28

MARZO 12

Deja que Dios lo haga a su manera. Una de las cosas más difíciles para el ser humano es el ceder el control. La materia de la confianza es algo que tenemos que pasar una y otra vez. El camino que piensas que es el mejor, puede que no lo sea. Puede que esa relación de la cual tanto nos aferramos os traiga atraso y obstáculos innecesarios. Dios sabe que es lo que nos hará dar vueltas innecesarias en el desierto. Suelta tu vida, tu futuro y tus planes. Deja que Dios lo haga a su manera.

MARZO 13

Pasa la prueba de la confianza. Esta es la materia que debemos de aprender a cursar y pasar con una buena actitud una y otra vez. Se trata de confiar en Dios y en su plan divino, aunque las circunstancias en su momento no tengan sentido. Un día agradecerás por las puertas que se cerraron y por las cosas que no salieron a tu manera. Siempre el camino de Dios será el mejor. Pasa la prueba de la confianza.

MARZO 14

Dios te regresará lo que estés dispuesto a perder. En las Escrituras puedes leer acerca de Abraham y como iba a sacrificar a su único hijo Isaac a causa de un mandato divino. Por supuesto que para Abraham no tenía sentido sacrificar a su hijo; pero paso la prueba de la confianza. Más adelante leemos como Dios no permitió que matase a su hijo y Abraham fue considerado el Padre de la fe. Todo lo que estés dispuesto a dejar por seguir el camino que Dios te esté indicando, será regresado a ti, pero con bendición. Hay pruebas que vienen para que salga a la luz si realmente podemos confiar. Dios te regresará lo que estés dispuesto a perder.

Ver Génesis 22:12

MARZO 15

No desperdicies tu dolor. Todos pasamos dificultades, crisis y pérdidas. El dolor es parte de la vida. Hay lecciones que solamente pueden ser aprendidas en temporadas difíciles. Hay un tipo de sabiduría que solo la adquirimos a través del dolor. Las tormentas no vienen para detenerte, vienen para fortalecerte. Han sido los momentos difíciles los que te han fortalecido. Ha sido el aprender a ponerte de pie una y otra vez lo que te ha fortalecido interiormente. Mira al dolor con una nueva perspectiva. Creces más en los momentos difíciles que en los momentos fáciles. No desperdicies tu dolor.

MARZO 16

Tienes que confiar, aún en los momentos dolorosos. Todo es parte de un plan. Dios puede ver el cuadro completo. En un rompecabezas, si aíslas una de las piezas, pensarás que esa pieza no puede pertenecer a algún lado. Pero es hasta que la pieza es colocada en el lugar correcto, cuando tiene sentido. Es igual en tu vida. Si aíslas una temporada difícil en tu vida, por supuesto que no tendrá sentido. Más adelante es cuando lo verás claramente. Has pasado momentos difíciles y has salido adelante. Esta vez no será la excepción. Tienes que confiar, aún en los momentos dolorosos.

MARZO 17

Dios ya diseñó cada parte de tu vida. Todas las partes que conforman el cortometraje de tu vida ya tienen una secuencia establecida. Así como el guionista de una película conoce el final desde el principio, así Dios ya estuvo en las escenas finales de tu vida. Todo va a hacer sentido. Los momentos de dolor, el entrenamiento, las experiencias gratas y las que no lo son, las personas que vinieron y las que se fueron. No hay nada que temer. Confía en que todo está siguiendo el curso de las cosas. Dios ya diseño cada parte de tu vida.

~

MARZO 18

Dios nunca te prometió ausencia de dolor, pero sí dijo que todo te ayudaría para bien. Las tormentas son parte de la vida. Puede que a estas alturas ya debiste de haber pasado varios desiertos personales. Ya has podido experimentar que el dolor no discrimina cuando llega a la vida de alguien. Parte de la experiencia de un ser humano es experimentar dolor. El dolor es un maestro que te ayuda a crecer, madurar y adquirir sabiduría. Las experiencias dolorosas son utilizadas en tu vida para tu avance y la prosperidad de tu alma. Dios nunca te prometió ausencia de dolor, pero sí dijo que todo te ayudaría para bien.

Ver Romanos 8:28

~

MARZO 19

El dolor no te deja igual. Eres diferente cuando sales de una tormenta de cómo entras a ella. Lo que te cambia no es el llegar a una Tierra Prometida, sino el trayecto del desierto. No se trata de llegar a un lugar, sino en lo que te estás convirtiendo mientras caminas hacia allí. El dolor te cambiará. Las dificultades, los dolores de cabeza, el sufrimiento; todo eso no te deja igual. Todo lo que has tenido que enfrentar durante un periodo de tiempo, te ha cambiado internamente. No tendrías la misma percepción de la vida, de no haber sido por varias experiencias dolorosas que te ha tocado enfrentar. Estás siendo cambiado y te estás convirtiendo en tu mejor versión. El dolor no te deja igual.

~

MARZO 20

La forma en que el dolor te cambie depende de ti. La misma situación le puede pasar a dos personas y provocar en ellas diferentes actitudes. Una se puede amargar por atravesar dolor, pero la otra permite que el dolor lo mejore en varias áreas. Cada vez que adquieres sabiduría por medio del dolor, te vuelves mejor, creces, tu fe se fortalece y eres más resiliente. El dolor puede provocar que te rindas o puede provocar que te levantes con una nueva pasión. Es en los momentos difíciles donde te encuentras con la oportunidad de volverte más fuerte, desarrollar carácter y crecer en tu confianza en Dios. La forma en que el dolor te cambie depende de ti.

MARZO 21

El dolor no ha venido para detenerte; viene para desarrollarte, para prepararte, para incrementarte. La manera en que Dios hace que salga lo que hay en nuestro corazón es al permitirnos atravesar desiertos. Las Escrituras dicen que él hizo que su pueblo atravesara el desierto para probarlos, para afligirlos, ver lo que había en su corazón y para ver si eran capaces de obedecer. Hay cosas que solamente pueden ser transformadas en ti al pasar por periodos de dificultad. Dios sabe que primero necesitas pasar ciertas materias y lecciones antes de ir a un nuevo nivel. A todos nos gustaría que Dios nos llevara por el elevador, pero él prefiere las escaleras. Cada etapa es muy importante. El dolor no ha venido para detenerte; viene para desarrollarte, para prepararte, para incrementarte.

Ver Deuteronomio 8:2

MARZO 22

C puede sucederte sin la autorización divina. Las onfía! Dios está en control del enemigo. Nada Escrituras dicen que Satanás tuvo que pedir permiso a Dios para poder afligir a Job. También Jesús le dijo a Pedro que el enemigo había solicitado zarandear como a trigo a los discípulos. Si es que Dios le permite al enemigo que te cause alguna aflicción, es porque hay un propósito en ello. No es el enemigo el que está al control. Es Dios quien controla la cantidad de desierto, la cantidad de prueba, la cantidad de adversidad que enfrentarás. Él sabe lo que puedes soportar. ¡Confía! Dios está en control del enemigo.

Ver Lucas 22:31-32

MARZO 23

Sin dolor, no hay ganancia. Si todo se nos fuera siempre fácil, no estaríamos preparados para nuestro destino. Algunas de las dificultades que estás enfrentando en el presente, hubieran obstaculizado tu avance si las hubieses enfrentado diez años atrás. No las hubieses podido enfrentar en ese entonces. Dios conoce exactamente lo que necesitas y cuándo lo necesitas. Lo que sea que estés atravesando en tu vida en estos momentos, es una preparación para lo que viene. El dolor no vino a detenerte, vino a entrenarte. Sin dolor, no hay ganancia.

~

MARZO 24

No te quejes acerca del dolor, porque sin el dolor no podrías alcanzar la totalidad de tu destino. El dolor es parte de la vida. No importa el estatus social que tengas, tu apellido, tu nivel de educación o tus ingresos, el dolor busca la manera de llegar a tu vida sin discriminaciones. Jesús, siendo Dios, decidió experimentar un alto grado de dolor como parte de su llamado. Hay lecciones que solo se graban a fuego dentro de ti, a menos que sean aprendidas por medio de episodios dolorosos. Antes del nacimiento de algo nuevo, hay temporadas de dolor que son necesarias. No te quejes acerca del dolor, porque sin el dolor no podrías alcanzar la totalidad de tu destino.

~

MARZO 25

En los tiempos de oscura dificultad, Dios te está preparando. En la construcción de una prioridad, lo que tiene la prioridad de construir de manera sólida, son las bases. Porque son las bases las que determinan la longevidad y la fortaleza de la estructura. Es lo que tipifica el construir tu casa sobre la roca. La fe que se está construyendo en ti en el presente, es la fe que necesitaras en el futuro. Todo lo que enfrentarás en el futuro es gestado en ti en los momentos de oscuridad. Todo lo que un ser humano necesita en la vida funcional como ser humano, es desarrollado en la oscuridad de un vientre. Viene la mejor parte de tu vida, pero primero te es necesario este tiempo de oscuridad. En los tiempos de oscura dificultad, Dios te está preparando.

Ver Mateo 7:24-25

MARZO 26

Ya estás armado con la fortaleza para esta batalla. La razón por la cual el calor del desierto está siendo intenso es porque hay algo grande en tu futuro. Del tamaño del destino, así es la preparación. Todo está siendo permitido como una preparación para lo que está por venir. Estás siendo preparado para recibir bendiciones, favor, e incrementarte como nunca lo habías visto. Puede que los gigantes luzcan grandes, pero es lo que estás equipado para enfrentar. Ya estás armado con la fortaleza para esta batalla.

~

MARZO 27

Dios te está haciendo crecer. Antes del incremento, es permitida la prueba de la perseverancia. El pueblo de Dios tuvo que ser constante en un desierto antes de entrar a la Tierra Prometida. Es en el desierto donde se crea en ti lo necesario antes de recibir bendición. Lo que más te hace crecer no son los picos de montañas, sino la perseverancia que ocupas para llegar allí. Hay lecciones que no las podemos aprender de ninguna otra manera que perseverar en temporadas difíciles. Estás creciendo, estás madurando, y te estás convirtiendo en la persona que has sido destinado para ser. Dios te está haciendo crecer.

~

MARZO 28

Hay una lección en el dolor. Todo dolor es permitido en tu vida con un propósito. En muchas ocasiones, para poder ir finalmente por el camino de nuestro destino, debemos de pasar momentos de dolor para que entendamos la dirección divina. Dios no permite dolor en tu vida simplemente para hacerte sufrir y hacerte la vida miserable. Él sabe que exactamente esa cantidad de dolor es lo que permitirá que lecciones se graben a fuego en ti. No desperdicies tu dolor, porque es un gran instrumento para adquirir sabiduría y producir cambio. Hay una lección en el dolor.

MARZO 29

No malgastes el dolor, hay una lección por aprender. Muchas veces los momentos dolorosos vienen a nuestra vida para despertarnos y para incitarnos al cambio. Si no aprendemos la primera vez por medio de determinada situación dolorosa, viene nuevamente la lección pero con un atuendo diferente para hacernos entender. Los seres humanos por naturaleza nos resistimos al cambio. Por lo tanto, Dios tiene que permitir ciertas situaciones que nos provoquen dolor para que aprendamos. Estás teniendo la cuota de dolor necesaria para motivarte a cambiar. No malgastes el dolor, hay una lección por aprender.

~

MARZO 30

La misma cosa que trató de destruirte, es lo que será utilizado para empujarte hacia un nuevo nivel de tu destino. Jesús sabía que un Judas sentado a su mesa era parte del plan. Puede que haya personas que quieren bloquearte, obstaculizar tu avance, y terminar con tu legado. Pero lo que nadie sabe, y menos tus opositores, es que todo es utilizado para tu avance de acorde al plan divino. Tus enemigos terminan siendo los mejores amigos de tu destino. Estás dentro de un plan. La misma cosa que trató de destruirte, es lo que será utilizado para empujarte hacia un nuevo nivel de tu destino.

MARZO 31

El dolor es también la señal que algo nuevo está por nacer. Antes de que una nueva vida venga a este mundo, hay un periodo de dolor en la madre. Cuando Dios está a punto de hacer nacer algo nuevo en ti, permite una temporada de dolor. Puede que cuando estés en medio de la dificultad no te des cuenta, pero el proceso de nacimiento ha comenzado. Puede ser un nuevo emprendimiento, una nueva relación, la oportunidad de empezar de cero o por fin te encuentras cerca de entrar a lo que represente tu Tierra Prometida. El dolor es parte del cambio. Más adelante, agradecerás las temporadas difíciles, porque sabrás que sin ellas, no hubiesen podido empezar lo nuevo en ti. El dolor es también la señal que algo nuevo está por nacer.

~

ABRIL

"Aderezas mesa delante de mí en presencia de mis angustiadores; Unges mi cabeza con aceite; mi copa está rebosando."

— Salmos 23:5

ABRIL 1

Puede que estés atravesando por algo que no entiendes, pero es porque Dios confía en ti. Solamente el fabricante de algo puede saber el nivel de resistencia de su producto y su uso. De la misma manera, Dios no va a permitir que pases por algo fuera de tu capacidad de resistencia. Todo lo que Dios haya o esté permitiendo en tu vida es porque sabe que tienes la capacidad para resistirlo. Dios, que ya estuvo en tu futuro, conoce la cantidad de calor que fuiste diseñado para resistir en el desierto. Eres más fuerte de lo que piensas. Puede que estés atravesando por algo que no entiendes, pero es porque Dios confía en ti.

ABRIL 2

Lo que el enemigo ha destinado para tu daño, Dios lo utilizará para tu ventaja. Hay muchas situaciones que son permitidas porque es la manera en que Dios hace cumplir sus planes. En el presente puede que no veas como algo bueno puede salir de determinada situación. Es exactamente aquí donde ejercitas la materia de la confianza. Cuando no puedes ver, pero confías en que la mano del Altísimo está llevando las cosas en su curso. Deja que el mal sea convertido en lo que al final te ayudará a avanzar. Lo que el enemigo ha destinado para tu daño, Dios lo utilizará para tu ventaja.

ABRIL 3

El dolor tiene un propósito más grande. Dios permite cierto dolor en tu vida porque confía en ti. Eres una persona ya capacitada a resistir las tormentas por fuertes que estas azoten. La confianza que está puesta en ti es que Dios sabe que tú crecerás a través del dolor, madurarás y lo utilizarás para ayudar a otros que están pasando por lo mismo. Solo alguien que ha enfrentado crisis puede entender a otros que están pasando por lo mismo. Dales a otros, lo que a ti se te ha dado por gracia. Es más grande lo que tiene consecuencias eternas. El dolor tiene un propósito más grande.

ABRIL 4

Es difícil, pero Dios sabe de lo que estás hecho. Fuiste formado en el vientre de tu madre para resistir. Nada mayor de lo que puedes resistir es permitido en tu vida. Dios no permitiría algo que él sabe que obstaculizará el camino hacia tu destino. Ya tienes los dones, las capacidades, el poder de resistencia, la capacidad de resiliencia. Todo lo que necesitas ya está dentro de ti. Hay un tipo de fortaleza que solamente puede salir de ti, al enfrentar algo que la haga salir. Si la prueba está siendo fuerte, es porque tú ya eres fuerte para resistir. Es difícil, pero Dios sabe de lo que estás hecho.

ABRIL 5

Convierte el dolor en una fuerza para el bien. Cuando atraviesas dolor intenso, o te puedes amargar, o te puedes volver mejor. Una misma situación dolorosa le podría pasar a dos personas y las dos podrían tener una reacción diferente Una puede echar mano al resentimiento y la otra puede tomar ese dolor y permitir que lo que sucedió la haga crecer. ¿Has pasado algún tipo de dolor intenso que te ha marcado de por vida? ¿Cómo eso lo puedes utilizar para ayudar a otros? Convierte el dolor en una fuerza para el bien.

ABRIL 6

Mantente moviéndote hacia delante aunque no entiendas. En ocasiones hay piezas del rompecabezas en nuestro caminar que no vemos que encajan en ningún sitio. Muchas veces nos toca continuar a pesar de atravesar problemas familiares, fricciones en el matrimonio, situaciones difíciles con los hijos y cosas con las que tenemos que lidiar de manera imprevista. No tienes que entenderlo todo para confiar en Dios. Hay una buena parte de preguntas que no tendrán respuesta mientras estemos en la tierra. Dios está en control del universo y él sabe cómo más adelante todo tendrá sentido. Mantente moviéndote hacia delante aunque no entiendas.

ABRIL 7

La sanidad viene cuando te sales de ti mismo y ayudas a otros. ¿Puede que te preguntes, "Pero como voy a ayudar a otros si yo soy el que necesita ayuda?." Lo curioso es que la ayuda viene a tu vida cuando tu enfoque es ayudar a otros. La depresión llega cuando alguien solamente se enfoca en sí mismo y en sus problemas. Nunca verás deprimida a una persona que se dedica a servir a otros. Es cierto que todos necesitamos que Dios extienda su mano en cierta área de nuestra vida y nos conceda el milagro, pero cuando decidimos ser el milagro de alguien más, es cuando Él se encarga de concedernos nuestros propios milagros. La sanidad viene cuando te sales de ti mismo y ayudas a otros.

ABRIL 8

Confía en que todo estará bien. Lo que ha pasado no puede ser cambiado. No puedes cambiar absolutamente nada de lo que ocurrió. No puedes volver atrás y tratar de juntar los pedazos de algo que se quebró. Si te enfocas en el dolor, en lo que perdiste, en lo que no funcionó, vas a obstaculizar tu avance. Pero si confías en que todo finalmente te ayudará para bien, que tus días venideros son mejores que los postreros, y que Dios sabe lo que está haciendo, verás cómo todo se va abriendo camino. Confía en que todo estará bien.

ABRIL 9

Lo que has tenido que pasar les ayudará a otros que están pasando por lo mismo. Ante la dura prueba, o puedes amargarte o puedes mejorarte. Tú decides si malgastas tu dolor y dejas que te estanque, o si decides en transformarlo para inspirar a otros y aumentar su fe. Si así lo permites, Dios puede cambiar tu caos en un mensaje. Nada más Él puede sacar belleza de las cenizas. No desperdicies tu dolor. Nada de lo ocurrido en tu vida quedará sin que haya sido de provecho de alguna manera. Lo que has tenido que pasar les ayudara a otros que están pasando por lo mismo.

ABRIL 10

Dios no permite que algo suceda en tu vida, sin que Él no saque algo bueno de ello. Es en nuestro interior donde toma lugar la transformación. Lo que está cambiando en ti no es visible a la vista humana. No es lo mismo como entras a una tormenta personal, a como sales de ella. Cuando resistes te vuelves más fuerte. Lo que Dios puede ver, es en la persona que te estás convirtiendo. Él puede ver lo que más adelante saldrá de bueno de cada situación. Dios no permite que algo suceda en tu vida, sin que Él no saque algo bueno de ello.

~

ABRIL 11

En un sentido, lo que has pasado te trajo un regalo. Tú eres, de manera única, calificado para ayudar a otros que están pasando por lo mismo. Mientras sigas manteniendo la vista en lo que se quebró, en lo que no funcionó, en lo que se puedo haber hecho, no verás la oportunidad que estás teniendo para ayudar a otros. La mentalidad de víctima se desarrolla cuando obsesivamente continúas pensando en lo que te pasó. No fuiste creado para que te mantengas con una actitud de víctima, fuiste creado para ser un victorioso. En un sentido, lo que has pasado te trajo un regalo.

～

ABRIL 12

¿P usar el dolor como combustible para levantarte yno estás desperdiciando lo que te ocurrió. Hay un ara qué te ha servido tu dolor? Cuando decides propósito para ese dolor. Hay situaciones que tenemos que pasar para la construcción de nuestro carácter y fortalecer nuestra fe. Te vuelves indestructible cuando en lugar de temer a que el dolor venga, decides que todo lo usarás para avanzar y para ayudar a otros. ¿Para qué te ha servido tu dolor?

ABRIL 13

Hay un propósito para ese dolor. Cualquier cosa que te haya tocado atravesar, hubo un propósito para ello. Por su puesto que es difícil, que no es lo que planeaste; pero conoce que el dolor no vino para derrotarte, sino para llevarte a un nuevo nivel de tu destino. Es una señal que algo está a punto de nacer. Hay un regalo en ese dolor. Hay una bendición en ese dolor. Cuando está siendo doloroso, no te desanimes. Prepárate, porque estás a punto de dar a luz a algo nuevo. Hay un propósito para ese dolor.

~

ABRIL 14

Eres bendecido también por tus enemigos. Todos sabemos que Dios nos puede bendecir, dándonos favor, haciéndonos avanzar, dándonos sanidad. Pero de lo que no nos damos cuenta, es que Dios también utiliza a nuestros enemigos para bendecirnos. Leemos en las Escrituras como un gigante llamado Goliat fue quien promovió a un pequeño joven David, de ser un pastor de ovejas a un guerrero. Fue después de esta batalla que David obtuvo el respeto y fue visto el favor de Dios en su vida. Hay momentos en que estarás a una tan sola batalla de ser promovido a un nuevo nivel. Los gigantes no aparecen para detenerte, sino para ascenderte. Jesús sabía que un Judas sentado a su mesa era parte de su destino. Eres bendecido también por tus enemigos.

~

ABRIL 15

No te quejes de tus enemigos, puede que hayan sido escogidos para bendecirte. Tanto los que te aman como los que te odian, son parte de tu destino. Fue un grupo religioso de la época de Jesús llamados "Fariseos", quienes contribuyeron con su odio para que el propósito de Dios para con su Hijo se cumpliera en esta tierra. A todos nos gustaría que solamente los que nos aman fueran usados para bendecirnos, pero Dios decide hacer las cosas de una manera poco convencional. Porque son precisamente los que se te enfrentan, los que terminan siendo los instrumentos necesarios para tu avance. No te quejes de tus enemigos, puede que hayan sido escogidos para bendecirte.

ABRIL 16

Hay gigantes asignados en el camino para bendecirte. Después de que David derrotó al gigante Goliat, tú nunca vuelves a leer en las escrituras nada acerca de Goliat. Y es que fue creado para el propósito de David. Cuando enfrentes algo que parece demasiado grande en tu vida, recuerda que dicha prueba está allí para tu propósito. No puede haber victoria sin que haya una batalla. Parte del destino de Goliat en la vida de David fue nada más para ascenderlo. Hay gigantes asignados en el camino para bendecirte.

ABRIL 17

Esa oposición no está allí para detenerte, sino para establecerte. Hay personas que Dios asigna para hacerte bien, para animarte, y para empujarte avanzar. Pero también vendrán personas asignadas para tratar de detenerte, personas que tratarán de hacerte verte mal y desanimarte. Hay gigantes como Goliat asignados en tu camino para que te salgan al encuentro y enfrentarte. Siempre del otro lado de una batalla con un gigante, viene un nuevo nivel de tu destino. No te desanimes, ni te continúes preguntando por qué estás enfrentando está oposición. Esa oposición no está allí para detenerte, sino para establecerte.

~

ABRIL 18

La oposición también es tu inspiración para continuar. A veces Dios pone a un enemigo para mantenerte alerta con tu fe en la batalla. Puede que Él permita críticos, personas que tratan de desanimarte, opositores que critican tus motivaciones, o personas que abiertamente se te opondrán sin ninguna aparente razón. Lo cierto es que, ellos son la cantidad necesaria de oposición que Dios sabe que necesitas para mantenerte determinado a avanzar y a no rendirte. No siempre serán tus amigos tu inspiración, a veces el combustible que te ayudará a seguir adelante será el recordar la oposición. Dios sabe cómo inspirarte a no rendirte. La oposición también es tu inspiración para continuar.

ABRIL 19

Muchas veces serán tus enemigos los que harán más para catapultarte al éxito que tus amigos. Dios también usa lo negativo para mantener nuestros músculos de la fe activos. Para que un músculo se desarrolle y crezca se necesita resistencia. Leemos en las Escrituras como un hombre llamado Nehemías, quien había resuelto construir los muros de Jerusalén, tuvo opositores y personas que se burlaban de él. Pero la burla no detuvo a Nehemías de reconstruir los muros, eso fue lo que lo inspiró a terminar en tiempo récord de cincuenta y dos días lo que se había propuesto. Los que se te oponen verán el favor de Dios en tu vida. Muchas veces serán tus enemigos los que harán más para catapultarte al éxito que tus amigos.

Ver Nehemías 6:15-16

ABRIL 20

Hay una mesa preparada para ti. En las Escrituras leemos al rey David diciéndole a Dios que Él preparaba mesa delante de él en presencia de sus enemigos. Cuando Dios te bendice, Él se asegura que los que tratan de dañarte sin ningún motivo, sean testigos de la bendición preparada para ti. La clave está en esperar a que sea Dios quien te prepare la recompensa. Permitiendo que Él haga las cosas a su manera y en su tiempo. Dios tiene muy presente lo que has tenido que pasar y hay una recompensa para ti. Hay una mesa preparada para ti.

Ver Salmos 23:5

ABRIL 21

Los enemigos son también señal de que el banquete viene. En ocasiones, Dios deja lo mejor para el final. Él siempre hace las cosas de una manera para que no quepa duda de que ha sido su mano bondadosa en todo. Cuanta más oposición estés enfrentando sin motivo, entre más crítica estés experimentando, recuerda que una mesa de bendición está siendo preparada para ti. Antes de que ciertas bendiciones lleguen a tu vida, primero es permitida una buena dosis de oposición. Dios hace visible su favor para con alguien que recibe injusta oposición de parte de sus enemigos. Los enemigos son también señal de que el banquete viene.

ABRIL 22

La traición también es parte del plan. Hay situaciones duras que nos toca enfrentar, que tienen que ver con ser traicionados. Parte del propósito de tus enemigos es oponerse y tratar de frenar el plan de Dios en tu vida. Sin embargo, Dios utiliza la mala intención de alguien para llevarte hacia tu destino. En un sentido, Judas fue usado más en la vida de Jesús para cumplir su misión en esta tierra, que los mismos discípulos. Judas fue asignado para traicionar a Jesús para que se cumpliera lo escrito acerca de él. De no haber habido traición, no pudo haber habido salvación. Es verdad que duele y es una materia difícil de atravesar. Pero no te lo tomes personal, la traición porque también tiene que suceder para tu avance. La traición también es parte del plan.

ABRIL 23

Nada sucede por accidente. Si Dios lo permitió, es porque Él sabe cómo utilizarlo para tu bien. No te preocupes cuando algo injusto ocurre en tu vida, porque eso en lugar de detenerte, te está ayudando a avanzar. No te quejes acerca de la persona que te traiciona, porque en un sentido, dicha persona está siendo utilizada más por Dios, que a tus amigos para que alcances tu destino. La grandeza también sabe mantener la calma cuando está sentado con un Judas a la mesa. Nada sucede por accidente.

ABRIL 24

El enemigo será utilizado para bendecirte. En muchas ocasiones lo que necesitamos para salir de la zona de confort es a un enemigo. Dios sabe la cantidad de crítica, oposición o ataque necesitamos para mantenernos en modo de perseverancia y determinación. Ten una nueva perspectiva acerca de tus enemigos, porque también son instrumentos para hacerte bien. Hay una fuerza y una determinación que crecen dentro de ti cuando ciertos gigantes son permitidos en tu vida. El enemigo será utilizado para bendecirte.

～

ABRIL 25

Puede que no te agrade determinada situación, pero es lo que está siendo que alcances tu máximo potencial. Nunca podrías alcanzar tu máximo potencial sin resistencia. Los músculos no se desarrollan sin un peso y una resistencia. Igualmente, los músculos de la fe y la capacidad de fortalecerse se desarrollan al tener oposición. Si todo en tu vida fuera perfecto, no te sentirías con la necesidad de emprender, de avanzar, y de no rendirte. Lo que has pensado hasta hoy que te está deteniendo, es precisamente lo que está haciendo que construyas tu mejor versión. Puede que no te agrade determinada situación, pero es lo que está siendo que alcances tu máximo potencial.

~

ABRIL 26

Si Dios no remueve algo, es porque te está ayudando para bien. Puedes ver en las escrituras cómo el apóstol Pablo describe como le pidió tres veces a Dios de remover lo que tanto lo agobiaba. Pero alguna curiosa razón, Dios decide nunca quitar eso de Pablo. Sin embargo, si Dios hubiera contestado la petición de Pablo y su aflicción hubiese sido removida, él no se hubiera esforzado tanto en expandir su mensaje. Puede ser que pienses que tu vida podría mejorar sin tan solo algunas cosas fueran removidas o cambiadas, pero lo cierto es que todo lo que Dios ha permitido o está permitiendo en tu vida, es lo que está trabajando para tu favor. Si Dios no remueve algo, es porque te está ayudando para bien.

Ver 2 Corintios 12:7-9

ABRIL 27

No te involucres en batallas que no importan. Las únicas batallas que valen la pena pelear son las que se interponen entre tú y tu destino; las demás son distracciones. Hay tentaciones en forma de batallas que su único propósito es distraerte. Las personas no pueden cambiar o prevenir tu destino. Dios tiene la última palabra. Elige cuidadosamente las batallas que vas a pelear. Mantén tu norte y no permitas el desenfoque. No te involucres en batallas que no importan.

ABRIL 28

Puedes agradecer por tus amigos, pero también agradece por tus enemigos. Es posible que no te hayas dado cuenta, pero mucho del favor en tu vida se debe a las personas que se han obstinado en detenerte. Sin darte cuenta, ellos te permitieron estar en la posición de ser más bendecido. Sin la traición de un Judas nunca hubiese habido resurrección. Mira a tus enemigos, a la adversidad, a la decepción con una nueva luz. La oposición no está aquí para detenerte, sino para incrementarte y para mejorarte. Puedes agradecer por tus amigos, pero también agradece por tus enemigos.

ABRIL 29

Dios tiene múltiples maneras de suplir tus necesidades. Puede que tus bendiciones vengan de una forma poco tradicional. Cuando Jesús obró milagros, siempre fue de una forma no convencional. Así como tus críticos pueden ser utilizados para impulsarte, también tus obstáculos pueden ser utilizados como peldaños para ascenderte. Dios sabe cómo tomar lo que fue destinado para dañarte y usarlo para tu ventaja. Dios tiene múltiples maneras de suplir tus necesidades.

ABRIL 30

Lo que piensas que es una decepción, es realmente la manera en que Dios está iniciando algo nuevo en tu vida. Los nuevos comienzos también son un milagro. Muchas veces los nuevos comienzos vienen después de una estación de decepción y dolor. No te quejes de lo que salió mal y de lo que no funcionó; porque fue la manera en que tenía que pasar para que lo nuevo pudiera nacer. No le temas ni a las trampas ni a los desengaños, porque al final todo te ayuda para bien. Lo que piensas que es una decepción, es realmente la manera en que Dios está iniciando algo nuevo en tu vida.

~

MAYO

"He aquí, no se adormecerá ni dormirá El que guarda a Israel."

— Salmos 121:4

MAY 1

Lo que piensas que es una trampa es realmente Dios llevándote hacia algo nuevo. Muchas veces las bendiciones hacen su entrada triunfal a nuestras vidas por medio de una bancarrota, de una decepción, de algo que no funcionó. Puede que pienses que determinada situación es una trampa para detenerte, cuando en realidad es lo que Dios está permitiendo para que se cumpla tu propósito. Fue por la razón por la cual Jesús no detuvo a Judas, sino que, al contrario, lo animó a seguir con la traición. Es porque Jesús sabía que la traición de Judas era parte del plan que tenía que desarrollarse de esa manera por órdenes divinas. Dios siempre tiene la primera y la última palabra. Lo que piensas que es una trampa es realmente Dios llevándote hacia algo nuevo.

Ver Juan 13:27

MAY 2

Dios convertirá los obstáculos que enfrentas en peldaños para que subas más alto. Cuando algo venga contra ti, persecución, traición, o decepción; en lugar de permitir que sean obstáculos que te hagan descender, si te mantienes en fe, Dios los hará peldaños que te hagan ascender. No te quejes de la oposición porque también está allí para tu ventaja. Lo que fue destinado para detenerte, será usado para ascenderte. Dios convertirá los obstáculos que enfrentas en peldaños para que subas más alto.

MAYO 3

Cuando te levantes en fe, tú no serás vencido por tus enemigos, tú serás ascendido por tus enemigos. Antes de David vencer a Goliat, él no tenía el respeto del pueblo por no lucir como un guerrero. David pasó por la subestimación. No fue hasta que venció al gigante, que todos vieron el favor de Dios sobre su vida. Fue hasta que David tuvo el coraje de enfrentar la amenazan de Goliat en el nombre de su Dios, que fue mirado con diferentes ojos y respetado por su tenacidad y valentía. Muchas veces Dios hace que se levanten gigantes en tu vida para que otros miren como Dios te respalda al vencerlo. Lo que otros temen enfrentar, tú correrás hacia la batalla en el nombre de tu Dios. Cuando te levantes en fe, tú no serás vencido por tus enemigos, tú serás ascendido por tus enemigos.

~

MAYO 4

Dios sabe cómo tomar lo que fue destinado para dañarte y usarlo para tu ventaja. Él tiene toda clase de maneras de cubrir todas tus necesidades. Él puede usar a tus críticos para favorecerte y también convertir los obstáculos en peldaños. Dios es experto en utilizar métodos poco convencionales para hacerte llegar sus bendiciones. No solamente son utilizados los que te aman para bendecirte, sino que también son utilizados los que se levantan en tu contra. Dios sabe cómo tomar lo que fue destinado para dañarte y usarlo para tu ventaja.

~

MAYO 5

No te intimides por el aparente tamaño de la montaña. Dios nunca te hubiese puesto al pie de una montaña si Él no supiera que ya tienes lo que hace falta para escalarla. Ya no hables acerca de que tan grande es la montaña frente a ti, sino que tan grande es tu Dios. Puede que vengan obstáculos que parecen grandes de vencer, pero en realidad no pueden detener que avances hacia tu destino. Tú no eres débil, no tienes faltante, estás lleno de capacidad para lograr. No te intimides por el aparente tamaño de la montaña.

~

MAYO 6

La fuerza más grande del universo está de tu lado. Dicen las Escrituras en el libro de los salmos que Dios nunca se dormirá ni se adormecerá cuando se trata de proteger a los suyos. Es como si tú permitieras que alguien le hiciera daño a un hijo tuyo cuando tú estás presente. Si tú no permitieras tal cosa, imagínate Dios con lo que representa lo más preciado para Él. Fuiste hecho con una fuerza de resistencia mayor y para ser más que vencedor. No temas, solo confía. La fuerza más grande del universo está de tu lado.

Ver Salmos 121:4

MAYO 7

La opresión piensa que te está deteniendo cuando en realidad te está multiplicando. Dicen las Escrituras que cuando el pueblo de Dios estaba bajo la esclavitud de los egipcios, algo sucedió con ellos. Entre más los israelitas eran oprimidos por Faraón, más se multiplicaban. Se multiplicaron tanto que los egipcios tuvieron temor de ellos. Faraón pensó que los estaba deteniendo, cuando en realidad los estaba incrementando. Muchas veces, cuando Dios te quiere bendecir, no te envía un tiempo de descanso, sino que te envía un enemigo. Te estás volviendo más fuerte y numeroso. La opresión piensa que te está deteniendo cuando en realidad te está multiplicando.

Ver Éxodo 1:12

~

MAYO 8

Entre más oposición experimentes, más vas a incrementarte. Puede que no nos guste, pero crecemos cuando estamos bajo presión. Es bajo presión cuando nuestro carácter es desarrollado, y descubrimos talento que no sabíamos que teníamos. Mucho del desarrollo de tu interior se realiza cuando te toca mantenerte en fidelidad por un periodo importante de tiempo. La oposición no vino para restringirte, vino para ayudarte a desarrollar lo que necesitas dentro de ti para poder ir al siguiente nivel de tu destino. No te desanimes por la oposición. Entre más oposición experimentes, más vas a incrementarte.

MAYO 9

Dios permite la presión en tu vida para sacar lo mejor de ti. Esa presión no vino a detenerte, sino a incrementarte. La única manera de extraer el valioso aceite de los olivos es presionándolos. Dios conoce la cantidad exacta que necesitamos cada uno para que se forme interiormente, algo que nos hará mucho bien y nos entrenará para lo que viene. Todos queremos evitar la presión y preferimos la comodidad. Sin embargo, crecemos más en los tiempos donde necesitamos usar nuestra fe y perseverar, que en los tiempos fáciles. En lo que sea que estés siendo presionado, es donde estás siendo desarrollado. Dios permite la presión en tu vida para sacar lo mejor de ti.

MAYO 10

Estás a punto de estar mejor que como estabas. En su mayoría, las bendiciones vienen después de un periodo de perseverancia y de mantenerte en fe. Para el pueblo de Dios, el desierto fue necesario antes de entrar a una tierra de abundancia. Y es que Dios sabe que si eres capaz de ser fiel en un desierto, es porque también lo serás en una Tierra Prometida. Estás más cerca de lo que piensas. Continúa perseverando, continúa creyendo, sigue tomándote de tu fe. Estás a punto de estar mejor que como estabas.

~

MAYO 11

Un día, más adelante, dirás: "Ese enemigo no me venció; ese enemigo me bendijo". Ninguno en su momento lo puede ver en el momento de la aflicción, pero estamos siendo preparados para ser catapultados hacia nuestro propósito. En su momento, no se miraba bien que alguien cercano al círculo íntimo de Jesús lo traicionara, pero era necesario para el cumplimiento de su destino. Así mismo, David no sabía al principio que estar bajo la presión de las amenazas de un gigante lo iba a llevar al trono. No te desanimes por la presión o la oposición, porque es necesaria antes de la bendición. Un día, más adelante, dirás: "Ese enemigo no me venció; ese enemigo me bendijo".

~

MAYO 12

Dios no permitirá una dificultad en tu vida, a menos que Él de alguna manera vaya a usarlo para tu bien. Saber este principio te hará ver la vida de una manera más liberadora. Porque sabes que Dios está en control y que sin importar qué ocurra, todo va a ser utilizado para tu ventaja. Puede que hayas pensado que tus oraciones no han sido contestadas o que te hayas desanimado porque no ves un cambio exterior en alguna situación en particular. Es fácil desanimarnos y perder nuestra pasión. Pero recuerda que todo está bien y que Dios tiene el control. Dios no permitirá una dificultad en tu vida, a menos que Él de alguna manera vaya a usarlo para tu bien.

MAYO 13

Cualquier cosa que estés atravesando recuerda que es parte del proceso. Dios trata con cada uno de nosotros según nuestra estructura emocional. Él conoce partes de nosotros que ni siquiera nosotros mismos conocemos. Él sabe por qué permite ciertas situaciones en la vida de cada uno. También conoce la cantidad de desierto que necesitamos para formarnos interiormente, adquirir sabiduría y forjar una fe sólida. Las Escrituras dicen que sin fe es imposible agradar a Dios. Si te encuentras en una situación donde estás obligado a utilizar tu fe, recuerda que también estás agradando a Dios con tu manera de creer. Cualquier cosa que estés atravesando recuerda que es parte del proceso.

Ver Hebreos 11:6

MAYO 14

Confía en la guía divina. Si estás siendo dirigido en este tiempo por un determinado camino, confía en que hay un propósito para ello. Dios sabe dónde están los callejones sin salida, los atajos, los caminos pedregosos y todo camino que te pueda causar dolores de cabeza y dolor innecesario en el futuro. Puede que no tenga sentido cierta dirección, pero confía en que si estás siendo dirigido por allí, es porque Dios puede ver cosas en el futuro que tú no puedes ver que acerca de cierta dirección. Confía en la guía divina.

~

MAYO 15

Dios puede ver el cuadro completo de tu vida. Si tratas de entenderlo todo, terminarás frustrado. Hay cosas que no las entenderás desde este lado de la eternidad. Hay muchas cosas que no sabrás por qué suceden de determinada manera y te tocará confiar. El camino que te parece seguro y sin atrasos, puede que no lo sea. Si cierta puerta se mantiene cerrada, es porque el entrar por esa puerta no servirá más adelante para tu ventaja. Según tu lógica podrías pensar que cierta relación, o asociación, te puede beneficiar, pero puede que signifique atraso en tu vida. Es importante que confíes en que Dios conoce lo mejor y confiar en su guía. Dios puede ver el cuadro completo de tu vida.

MAYO 16

Sabes que Dios está dirigiendo tus pasos. En las Escrituras leemos que Dios nos hará entender y nos mostrará el camino correcto por el cual dirigirnos. En ocasiones somos dirigidos por un camino porque estamos siendo protegidos de dolores de cabeza futuros o vueltas innecesarias en el desierto. Tal vez estás siendo retrasado en determinado trayecto para evitarte un accidente. O puede que Dios esté desarrollando paciencia en ti al pedir que perseveres en un determinado camino. Lo que sea que Dios esté haciendo, hay un propósito para ello. Sabes que Dios está dirigiendo tus pasos.

Ver Salmos 32:8

~

MAYO 17

Dios está desarrollando tu carácter, te está haciendo crecer. No es tan importante que lleguemos a un lugar, sino cómo lleguemos allí. Hay bendiciones que si se te fueran dadas en este momento, no sabrías cómo manejarlas. Hay muchas cosas todavía en desarrollo en cada uno de nosotros que son necesarias para poder ser un buen administrador de las bendiciones. Dios te ama demasiado como para permitir que una bendición fuera de tiempo te destruya. Todos estamos cursando materias en la universidad divina, donde Dios cree conveniente que cursemos para desarrollar en nuestro interior lo que hace falta para lo que está por venir. Dios está desarrollando tu carácter, te está haciendo crecer.

MAYO 18

Dios está utilizando personas para pulir tu carácter. En las Escrituras leemos que así como el hierro es afilado con el hierro, así uno se afila con otra persona. En una de las versiones, dice que uno se vuelve mejor persona con el trato con nuestro prójimo. Dios utiliza a tu cónyuge, a tus hijos, compañeros de trabajo, a tus amigos y a tus enemigos para trabajar y limar asperezas, aún en tu carácter. Es precisamente ese jefe o compañero de trabajo que tanto pides que se vaya o sea transferido, quien está siendo utilizado como papel lija para limar asperezas en ti. Cada vez que mantienes una buena actitud, mantienes el respeto y no actúas bajo tus emociones, eso está desarrollando algo en tu interior. Puede que no te guste, pero te está haciendo bien. Dios está utilizando personas para pulir tu carácter.

Ver Proverbios 27:17

～

MAYO 19

Dios abre puertas y también cierra puertas con propósito. No necesitas entenderlo todo en esta vida, pero sí te toca confiar en muchas ocasiones. Muchas veces, Dios mantiene cerradas ciertas puertas, que tanto insistimos en que abra, porque sabe que si entramos a través de ellas, nos encontraremos más adelante con pérdida de tiempo y dolores de cabeza innecesarios. Lo que nos parece bueno, en muchas ocasiones no lo es. Y lo que a nosotros nos parece una buena oportunidad, a los ojos del cielo que puede ver más adelante, puede que no lo sea. Ya sea que Dios abra las puertas, o las mantenga cerradas, es parte de ayudarte para bien. Dios abre puertas y también cierra puertas con propósito.

～

MAYO 20

La incomodidad es lo que te está preparando para el siguiente nivel de tu destino. Cuando Dios se ha propuesto hacer algo con alguien y llevarlo por sus propósitos, primero lo prepara para ello. Una semilla en la tierra tiene que pasar ese periodo incómodo bajo tierra antes de germinar y salir a la luz. La semilla no puede ver vida sin la estación de incomodad en la tierra. Puede que estés pidiendo que cierta situación, que representa una incomodidad, desaparezca o se vaya de tu vida. Lo que no sabes, es que para estar mejor, primero tienes que pasar un periodo de preparación que, de muchas maneras, es incómodo. Dios no te ha olvidado, Él te está preparando. La incomodidad es lo que te está preparando para el siguiente nivel de tu destino.

MAYO 21

Pentiendas? Hay situaciones que nos suceden que uedes confiar en Dios aunque haya cosas que no tienen lógica alguna. No sabemos por qué de repente hay relaciones que se rompen, puertas que se cierran o pérdidas que nos dejan con faltantes. Son esos momentos de incertidumbre que nos llegan a todos sin aviso y nos vienen a romper nuestra planeada agenda. Sin embargo, independientemente de lo que esté sucediendo o te haya sucedido en la vida, Dios sigue estando en su trono y continúa teniendo el control de todo el universo. Él sabe lo que está haciendo y porque está llevando el curso de las cosas de esa manera. Si le entregas el control total de tu vida a Dios, siempre sabrás que todo estará bien porque Él sabe lo que hace. ¿Puedes confiar en Dios aunque haya cosas que no entiendas?

MAYO 22

Un día mirará hacia atrás y verás que todo estaba bien. Muchas veces lo mejor que te puede pasar es que esa puerta se cierre, que esa persona se vaya de tu vida, que determinada oportunidad se termine o que ese contrato se cancele. Por supuesto que es difícil en su momento transitar por la pérdida, por la traición, y por momentos de oposición. Es difícil continuar cuando no entiendes ciertas situaciones. Pero cuando toda tu confianza está puesta en Dios, tu perspectiva cambia. Ya no ves tu vida como un conjunto de sucesos aislados, sino todo como parte del plan divino. Hay cosas que tienen que pasar de cierta manera para que te ayude a avanzar. Un día mirarás hacia atrás y verás que todo estaba bien.

MAYO 23

Ten paciencia, Dios no ha completado aún todas las piezas para que hagan sentido. El hecho que no se note un cambio en el exterior, no quiere decir que no esté ocurriendo en el interior. Dios trabaja muchas veces de manera interna y velado a los ojos humanos. Tanto una vida en gestación, como el desarrollo de una semilla, toma lugar donde no se puede ver. Solamente Dios puede ver el cuadro completo y puede ver por dónde se conducirá el orden de las cosas para llevarte hacia bendición. Aunque esto no haya ocurrido, sigue confiando. Ten paciencia, Dios no ha completado aún todas las piezas para que hagan sentido.

MAYO 24

Dios hará que más adelante todo tenga sentido. Todos enfrentamos tiempos cuando la vida no tiene sentido. Un sueño muere, una relación termina, experimentamos un tiempo de enfermedad; nada acerca de esas situaciones parece buena en el momento en que está ocurriendo. Tampoco pareció bueno ese día de viernes, cuando Jesús fue crucificado. Sin embargo, era lo que tenía que ocurrir para que el plan divino tomara lugar y así haber redención para la humanidad. El gran reto que todos tenemos es aprender a ver con una perspectiva diferente lo que nos ocurre. Dios está en control y él permite las cosas con propósito. Si algo es permitido, es porque más adelante será utilizado para tu bien. Dios hará que más adelante todo tenga sentido.

MAYO 25

Muchas veces Dios cierra puertas porque el estar allí limita tu fe. Puede que nos pase que estar en cierto lugar, nos limite a creer por más. Por su puesto, que no nos gusta ser sacados de nuestra conocida zona de comodidad. ¿Quién quiere salir de lo fácil para ir por caminos difíciles? Sin embargo, hay lugares y oportunidades que, en vez de ensanchar nuestro pensamiento, nos limitan en nuestra forma de pensar. En ocasiones Dios permite que ciertas puertas se cierren porque nos están haciendo pensar muy pequeño. Es como cuando una madre águila empuja a sus crías afuera del nido; es porque ella sabe que es la única manera en que estos aprenderán a volar. El nido es cómodo, pero nos limita a crecer. Muchas veces Dios cierra puertas porque el estar allí limita tu fe.

MAYO 26

La razón por la cual Dios cierra puertas es porque Él tiene algo mejor. No podemos tomar algo nuevo, si no soltamos lo viejo. Si una etapa no termina, no puede comenzar la siguiente. Si Dios permite que se cierre una determinada puerta, es porque tiene que ocurrir así para llevarte hacia el próximo nivel de tu destino. No te apresures a llamar malo a un suceso que no sabes cómo en el futuro te llevará hacia bendición. En su momento, a todos nos toca creer y confiar al enfrentar lo desafiante de los cambios repentinos. Son esas vueltas de timón de repente que nos hacen añicos nuestra agenda y nos meten en aguas turbulentas llevándonos a un curso diferente al que pensábamos. Sin embargo, confía también en Dios con las puertas que se cierran y con las oportunidades que se terminan. Todo es parte del plan. La razón por la cual Dios cierra puertas es porque Él tiene algo mejor.

MAYO 27

Eres quien eres también por las dificultades. Dios ha permitido situaciones en tu vida que te han formado y han aumentado tu fe. No han sido en las victorias donde más cambio se ha provocado en ti, sino en las derrotas. Hay un tipo de sabiduría que solo se obtiene tras momentos de crisis y dolor. Cada vez que te ha tocado levantarte después de una caída, cada vez que has mantenido una buena actitud en ese empleo, los años que te ha tocado luchar por tu matrimonio o perseverar en algún lugar donde te tocaba guardar silencio y obedecer. Todas esas experiencias estaban fortaleciendo tus músculos espirituales y desarrollando tu carácter. Te paras diferente ante la vida cuando has sido fortalecido tras los golpes de una batalla. Eres quien eres también por las dificultades.

MAYO 28

Los caminos de Dios siempre serán mejores. Muchas veces pensamos que el dirigirnos por determinada dirección es lo mejor, cuando en realidad puede que no lo sea. A los ojos humanos puede que cierta senda nos parezca poco productiva y sin fruto, pero solamente Dios puede saber lo que algo producirá más adelante. Recuerda que tú nada más puedes ver lo que se aprecia desde la tierra, pero Dios puede ver lo que se mira desde el cielo. Aunque resulte difícil tomar ciertas decisiones, puedes confiar con todo tu ser que por el camino que Dios te está dirigiendo es el mejor y el que más satisfacción te dará. Los caminos de Dios siempre serán mejores.

MAYO 29

Dios hace las cosas de cierta manera para dejarnos una lección para aprender. Hay cosas que suceden de cierta manera para que nuestra fe aumente y podamos ver cómo Dios actúa. La fe que se está forjando en ti hoy, es la fe que necesitarás mañana. En el área donde te sientas que estás siendo presionado, es porque es en esa área donde necesitas ser fortalecido. Eres más fuerte de lo que piensas. La resiliencia está siendo formada dentro de ti cada vez que decides seguir creyendo y tener una buena actitud. Te sientes más capaz hoy debido a lo que aprendiste ayer; pero serás más capaz mañana debido a lo que estás aprendiendo hoy. Dios hace las cosas de cierta manera para dejarnos una lección para aprender.

MAYO 30

Dios abrirá puertas que ningún hombre puede cerrar. Las puertas cerradas te conducen hacia las puertas correctas. Si tú te abres las puertas con tus propias fuerzas, tendrás que mantenerlas abiertas con tus propias fuerzas. Pero si permites que se te sean abiertas las puertas por gracia divina, nada puede impedir que recibas la bendición al entrar por allí. Cuando Dios abre una puerta, nadie la puede cerrar y cuando Él cierra una puerta, nadie la puede abrir. Si continúas tomándote de tu fe y con una buena actitud, verás caminos abrirse frente a ti. Dios abrirá puertas que ningún hombre puede cerrar.

MAYO 31

Así como Dios abre puertas, también cierra puertas. Cuando Él puede ver que cierto ambiente, cierta relación, o cierta asociación nos representa una limitación, nos mueve de lugar cerrando esa puerta. Los cambios y el movimiento de lugares son convenientes, aunque no lo podamos ver en su momento. Una puerta que se cierra no es señal de falta de favor de Dios en tu vida, sino es señal de que tu tiempo se ha terminado en ese determinado sitio o en esa relación. Las puertas abiertas también pueden tener fecha de expiración. Dios decide el tiempo que nos permite estar en determinado lugar. Si una puerta se cierra, mantente con la expectativa de lo que está por suceder y de la puerta que está por abrirse. Así como Dios abre puertas, también cierra puertas.

JUNIO

"Toda buena dádiva y todo don perfecto desciende de lo alto, del Padre de las luces, en el cual no hay mudanza, ni sombra de variación."

— Santiago 1:17

JUNIO 1

Dios sabe lo que está haciendo. Te estoy pidiendo que confíes y te tomes de tu fe más que nunca. Mucho más si estás atravesando situaciones que no entiendes y que no encuentras lógica alguna. Es fácil confiar cuando las cosas van como quieres, pero son en los momentos de contrariedad donde se nos hace más difícil poner nuestra esperanza en lo que aún no podemos ver. Pero de eso se trata la fe, también de confiar cuando las cosas no tengan sentido. Tus oraciones están siendo escucha- das, no te rindas. Dios sabe lo que está haciendo.

~

JUNIO 2

Aunque no entiendas como las cosas se puedan arreglar, mantente en fe. Puede que nada luzca bien en la situación en la que te encuentras. Tal vez estás lidiando con una enfermedad, batallando en una relación difícil, o enfrentando oposición de personas que sin razón vienen contra ti. Dios no estaría permitiendo algo que no te ayude a avanzar. Si Él está permitiendo cosas difíciles de entender, es porque estás siendo entrenado en la materia de la confianza. Es la manera en que tus músculos espirituales se fortalecen y tu fe aumenta. Aunque no entiendas como las cosas se puedan arreglar, mantente en fe.

JUNIO 3

Cuando algo que no te gusta suceda, puedes volverte negativo y amargarte, o puedes confiar en Dios y volverte mejor. A todos nos suceden cosas a diario que no nos gustan y que nos tientan a reaccionar negativamente. Sin embargo, nunca es lo que te sucede, sino como reaccionas a lo que te sucede. Lo mismo le podría ocurrir a dos personas, una puede amargarse por la situación y la otra decide extraer la sabiduría y volverse mejor. Tú decides cómo reaccionar a lo que te sucede. Es tu decisión de que algo exterior controle tu mundo emocional, o si decides tomar eso para crecer y mejorar. Cuando algo que no te gusta suceda, puedes volverte negativo y amargarte, o puedes confiar en Dios y volverte mejor.

~

JUNIO 4

Aunque no veas nada cambiar desde afuera, tú no sabes cómo Dios está obrando detrás de escenas. En muchas ocasiones te ocurrirá de ser tentado a frustrarte porque no ves nada suceder en el exterior; pero es porque Dios está trabajando en lo que no se puede ver a simple vista. Recuerda que absolutamente todo te está ayudando para bien. Y si Dios permite algo en tu vida, es porque sacará algo bueno de ello. Puede que te encuentres en un momento donde no puedas ver nada cambiar desde exterior, pero es porque Dios está obrando desde el interior. Aunque no veas nada cambiar desde afuera, tú no sabes cómo Dios está obrando detrás de escenas.

JUNIO 5

Si Dios te tiene en un lugar, es porque Él ha ordenado tus pasos. No existen las casualidades, solamente existen los propósitos. Deja de luchar o quejarte acerca de todo lo que te sucede. Ya no te resistas hacia el camino donde estás siendo guiado. Hay un motivo y una razón por el cual te encuentras donde te encuentras. Puede que no te gusten los atrasos, las inconveniencias, o las situaciones injustas. Pero cuando cierta situación te resulte incómoda, en lugar de luchar contra ello, por qué no echas mano de la aceptación y abrazas la realidad. Cuando tu tiempo se cumple en un sitio, es cuando eres dirigido hacia otro. Si Dios te tiene en un lugar, es porque Él ha ordenado tus pasos.

JUNIO 6

Sé lo mejor que puedas ser allí donde te encuentras. La manera de pasar una prueba es con una buena actitud y creer en fe durante el proceso. Si Dios te tiene en un determinado lugar, por un determinado tiempo, es porque hay un propósito para ello. Es fácil no dar lo mejor porque esperamos estar en una mejor situación para hacerlo. Pensamos que nuestro presente no merece lo mejor de nosotros. Sin embargo, es en la situación actual donde se demuestra que podemos tener bendiciones y ser responsables con ellas. Demostramos en lo poco, que podemos tener mucho. Se trata de tener una buena actitud en el presente, independientemente que no sea tu ideal o por lo que estás creyendo. Pero tu buena actitud hará que pases la prueba. Sé lo mejor que puedas ser allí donde te encuentras.

JUNIO 7

Todo está bien, deja de luchar contra todo lo que no te gusta. Muchas veces Dios nos mantiene en un lugar porque está pensando en cómo poder usarnos para ser luz para otras personas. Mientras nosotros luchamos para salir de cierta situación en determinado lugar, Dios nos necesita allí para afectar positivamente la vida de alguien que lo necesita. No siempre es acerca de nosotros, es acerca de Dios y sus propósitos. Puede que no te hayas dado cuenta, pero hay alguien que está siendo influenciado hacia la fe simplemente porque ve tu resiliencia y tu forma de resistir. Si te encuentras en un determinado lugar, es porque hay un propósito para ello. Todo está bien, deja de luchar contra todo lo que no te gusta.

JUNIO 8

Puede que no lo puedas ver aún, pero hay una bendición en pasar momentos oscuros. Hay situaciones que debemos inevitablemente atravesar para crecer y para poder ir hacia donde Dios quiere llevarnos. Para que una nueva vida pueda venir a este mundo, no puede saltarse la etapa de formación en el vientre de una madre. Igualmente, la semilla en la tierra tiene que atravesar la incomodidad de la oscuridad de estar en la tierra para que pueda salir el potencial que lleva dentro. Hay situaciones donde Dios nos permite estar porque es precisamente allí donde está el ambiente propicio para que pueda salir nuestro máximo potencial. Puede que no lo puedas ver aún, pero hay una bendición en pasar momentos oscuros.

JUNIO 9

Todo no está obrando contra ti, está obrando para ti. Hay un principio que necesitamos constantemente recordar, y es el principio de que Dios tiene siempre todo el control. El aprender a soltar el timón de nuestra vida es algo en lo que todos debemos crecer y madurar. Cuando lo olvidamos y queremos controlarlo todo, viene otra situación donde somos obligados nuevamente a ceder el control. Si Dios permite una determinada situación en tu vida, es porque ya sabe que sacará provecho de ello. Cuando te suceda algo de repente que no entiendes, puedes decir confiadamente: "Aunque no entienda lo que está pasando, Dios sabe lo que está haciendo." Todo no está obrando contra ti, está obrando para ti.

JUNIO 10

Puede que no parezca así, pero la traición también es parte del plan. Pasar por la estación donde somos traicionados es una de las cosas más dolorosas que un ser humano puede atravesar. Dios así mismo se permitió atravesar la traición cuando permitió que Jesús fuera vendido por treinta monedas de plata. Sin embargo, Jesús sabía que un Judas sentado a su mesa era parte del plan. Él pudo haber decidido detener el curso de las cosas, pero decidió confiar en su Padre en los cielos que tenía todo escrito y establecido para que sucediera de determinada manera. Dios tiene un plan para tu vida, donde todo lo permitido es parte de ello. Deja de luchar con lo que no te gusta, ten la perspectiva que es parte del plan. Puede que no parezca así, pero la traición también es parte del plan.

Ver Jeremías 29:11

~

JUNIO 11

Todo lo que fue destinado para detenerte, es lo que Dios va a usar para impulsarte hacia delante. Puede que te hayas ya enfrentando a varios gigantes en tu vida. Tal vez has pasado momentos donde has sufrido traición, decepción o problemas con personas que se te oponen sin ninguna razón aparente. Son en esos momentos donde no importa si tratas de hacer las cosas bien, hay personas que trataran de detenerte. No tienes que tomar venganza ni pagar con la misma moneda a tus detractores. Si te mantienes en fe y con una buena actitud, el mal también es utilizado para que el plan se desarrolle en tu vida. Todo lo que fue destinado para detenerte, es lo que Dios va a usar para impulsarte hacia delante.

~

JUNIO 12

Nada en tu vida es un desperdicio. Todo lo que te ha tocado atravesar vino a formarte. Los momentos de risa o en los momentos de lágrimas. Dios escogió a tu familia y el ambiente donde fuiste criado. También fueron permitidas las instituciones educativas donde estudiarías y las experiencias que atravesarías en la juventud o en tu edad adulta. Las temporadas con tormentas, con sus aguas turbulentas y las veces que navegaste por aguas mansas. Tampoco el dolor es desperdiciado en tu vida. Dios también lo utiliza como herramienta para transformarte interiormente y para que adquieras sabiduría. Sé que estás viendo la mano de Dios en tu vida. Nada en tu vida es un desperdicio.

~

JUNIO 13

Deja que lo que Dios está permitiendo obre en tu vida. Dios no permitirá algo en tu vida, sino no sabe de ante- mano que sacará un bien de ello. Así como las plantas, necesitamos fertilizante para alcanzar nuestro máximo potencial. El fertilizante puede ser esa situación complicada en tu trabajo, problemas en las relaciones con tu familia, escasez de recursos, algún tipo de adicción, problemas para salir adelante y empezar a construir. No sé qué es lo que está sirviendo de fertilizante en tu vida, pero está siendo utilizado para tu crecimiento. Deja que lo que Dios está permitiendo obre en tu vida.

JUNIO 14

Si te mantienes en fe, la incomodidad te está preparando para un nuevo crecimiento. No puedes alcanzar tu máximo potencial si no eres sacado de tu zona de comodidad y de lo que no permite tu crecimiento. Todos por naturaleza siempre gravitamos hacia lo cómodo y hacia lo conocido. Sin embargo, Dios sabe cómo sacarnos de nuestra zona de confort y hacernos crecer. Esa incomodidad de la que te has quejado muchas veces, es la que está provocando tu crecimiento. Para poder crecer se necesita una fuerza de resistencia que lo provoque. Si te mantienes en fe, la incomodidad te está preparando para un nuevo crecimiento.

JUNIO 15

Dios te está preparando para llevarte hacia donde nunca has estado. Él no desperdicia entrenamiento con nadie. Del tamaño de tu destino, así es el entrenamiento que recibes. Cada crisis que te ha tocado enfrentar y has podido salir adelante te ha agregado una buena dosis de entrenamiento para lo que está por venir. Es fácil pensar que no estás avanzando porque se te ha sido difícil verlo desde el exterior. Lo cierto que es que has sido entrenado en el interior. Eres fuerte por lo que te ha tocado enfrentar. Dios te está preparando para llevarte hacia donde nunca has estado.

JUNIO 16

Si te mantienes haciendo lo correcto, llegarás a una nueva etapa de crecimiento y oportunidades. La vida no es una carrera de velocidad, sino una maratón de resistencia. En muchas ocasiones sé que ya te habrá tocado ser perseverante y constante en etapas donde se te ha sido difícil hacerlo. Antes de las bendiciones en una Tierra Prometida de abundancia, somos probados con un desierto previo. Es en esta etapa de perseverancia donde demostramos que podemos manejar la abundancia y no perder el rumbo por ella. Las etapas donde te toca ser constante y perseverar son de mucha importancia porque te preparan para lo que viene. Si te mantienes haciendo lo correcto, llegarás a una nueva etapa de crecimiento y oportunidades.

JUNIO 17

Dios depositó algo en ti que solo puede salir al atravesar desiertos. Hay un tipo de sabiduría que solo la podemos obtener al nosotros mismos pasar situaciones difíciles. Las dificultades son parte de la vida y necesarias para poder crecer. Se necesita resistencia para que pueda salir lo que fue puesto en ti desde el vientre de tu madre. Es precisamente la longitud y el grado de calor de tu desierto personal y privado lo que está haciendo que te desarrolles y que salga lo mejor de ti. Sé que has pedido salir de ciertas situaciones lo antes posible. Sé que cambiarias el no pasar por ciertas cosas difíciles y navegar por aguas mansas. Sin embargo, es el grado de calor de tu actual desierto lo necesario para el desarrollo de tu fe y entrenarte en perseverancia. Dios depositó algo en ti que solo puede salir al atravesar desiertos.

JUNIO 18

Este es el tiempo para prepararte para lo que viene. Es importante vivir con expectativas de lo que viene. La expectativa dice mucho acerca de tu fe. Es imposible vivir con expectativa cuando no esperas nada. Cuando esperas algo es porque sabes que es cuestión de tiempo en que veas un cambio o resultados. Hay una diferencia entre estar enterrado, y estar plantado. La diferencia está en la expectativa. No esperas nada de algo que está enterrado, pero si esperas que suceda algo con algo que está plantado. Estás en un tiempo donde se requerirá que dejes de ver hacia atrás y te enfoques en tu presente y en lo que está por venir. Estás siendo llevado hacia un nuevo nivel de tu destino.Este es el tiempo para prepararte para lo que viene.

JUNIO 19

Te estás volviendo más fuerte. Cada crisis que te ha tocado atravesar ha venido a depositar fortaleza en ti. Eres más fuerte de lo que piensas. No podemos saber lo que somos capaz de resistir hasta que lo enfrentamos. Cada vez que decides creer en fe, levantarte después de caerte y decidir continuar a pesar de las circunstancias, dejas que te fortalezcas interiormente. En la vida necesitamos ser fuertes emocionalmente para enfrentar los retos que vienen de frente y no dejarnos caer. Dios conoce la dosis de prueba que necesitas para fortalecerte. Te estás volviendo más fuerte.

JUNIO 20

Dios permitió la incomodidad en tu vida para prepararte y depositar algo que no hubieses podido obtener sin pasar por allí. Ten una nueva perspectiva acerca de lo que te sucedió en el pasado. Nada te sucedió a ti, sucedió para ti. Porque fue destinado a ayudarte a avanzar, aunque en su momento no parecía así. Si esa persona se marchó, si ese contrato se canceló, si esa puerta de cerro de repente; todo vino a depositar algo que necesitabas desarrollar interiormente. Una bendición sin preparación viene, en muchos casos, a convertirse en una maldición. Dios permitió la incomodidad en tu vida para prepararte y depositar algo que no hubieses podido obtener sin pasar por allí.

~

JUNIO 21

No permitas que lo que no entiendes te haga renunciar a tus sueños. Una buena parte de la vida es incongruente y con partes ilógicas. Hay muchas cosas que no entenderás porqué suceden de este lado de la eternidad. La fe también se trata de confiar en Dios cuando la vida no tiene sentido. Es en los momentos donde no entendemos lo que sucede y decidimos no rendirnos cuando estamos desarrollando nuestra capacidad de confiar en Dios. Es fácil confiar en lo que puedes ver, lo difícil es mantenerte calladamente en fe cuando las circunstancias externas gritan lo contrario. Dios puso sueños y anhelos en ti por una razón. Ha sido depositado un anhelo en ti desde el vientre de tu madre que tiene que ver con tu llamado y con lo que has venido a hacer. No permitas que lo que no entiendes te haga renunciar a tus sueños.

JUNIO 22

El que te haya sucedido algo injusto en tu pasado no quiere decir que Dios no tenga un futuro maravilloso para ti en el futuro. Las injusticias son parte de la vida y nos suceden a todos. Es en esos momentos si decides que algo te amargue o decides volverte mejor. En muchas ocasiones en el trayecto de tu vida te encontrarás con desilusiones, traiciones e injusticias. Sin embargo, ninguna injusticia o situación adversa puede detente si tú no lo permites. Y aunque todavía puede que estés pasando o recién hayas pasado alguna injusticia, ten la determinación de continuar hacia lo que está preparado para ti. El que te haya sucedido algo injusto en tu pasado no quiere decir que Dios no tenga un futuro maravilloso para ti en el futuro.

JUNIO 23

Reconoce que la dificultad es lo que te está volviendo más fuerte. Hay situaciones que Dios permite en nuestra vida porque sabe que la necesitamos. Él trata con cada uno de sus hijos según su estructura emocional. Todos tenemos áreas que necesitamos fortalecer. Cada vez que permites que una situación difícil no te amargue, sino que te construya, estás desarrollando carácter, perseverancia y confianza. No son en los momentos fáciles y sin pruebas donde nos fortalecemos. Es en los momentos donde enfrentamos vientos adversos donde nuestros músculos emocionales, y espirituales son fortalecidos. Reconoce que la dificultad es lo que te está volviendo más fuerte.

JUNIO 24

Mantén la actitud de que todo está bien. La vida está llena de cosas que muchas veces no nos gustan. Nos decepcionamos por cosas que suceden. Un amigo en quien confiábamos nos traiciona o no obtuvimos ese ascenso laboral por el que tanto trabajamos. Es fácil desanimarnos y perder nuestra pasión para seguir adelante. Pero Dios no va a permitir algo sin saber de antemano que va a utilizarlo para nuestro bien. Puede que no entiendas cómo él lo va a hacer, pero si mantienes la actitud correcta, todo lo que te sucede en la vida te acercará más y más a tu destino. Mantén la actitud de que todo está bien.

JUNIO 25

Dios no permite nada en tu vida sin tener un propósito para ello. Si algo llega a suceder en tu vida es porque de alguna manera será utilizado para tu bien y para tu avance. Dios le permitió a su hijo Jesucristo atravesar toda situación adversa que le sucede a la naturaleza humana. Él tuvo que pasar decepción, traición, oposición, envidia, celos, y todo por lo que en ocasiones pasamos en el trayecto. Y es que para que Dios pueda consolarnos en el dolor, él tuvo que haber experimentado dolor. Sin embargo, Dios ya sabía que después de todo el dolor que Jesús iba a experimentar, iba a tener un resultado de gloria eterna y el plan de la redención de la humanidad iba a ser consumado. Todo lo que llega a suceder a tu vida será utilizado para tu bien. Dios no permite nada en tu vida sin tener un propósito para ello.

～

JUNIO 26

Las personas no tienen la última palabra en tu vida; Dios tiene la última palabra. Es fácil pensar que otras personas deciden acerca de nuestro camino. Puede que haya otras personas que han estado juzgando tus motivaciones, tratando de buscarte faltas y hacerte ver mal, o simplemente se te oponen sin ningún motivo aparente. Todo ha sido permitido para que tu fe eche raíces profundas. Aunque haya enemigos en contra, aunque te toque enfrentar a gigantes en el trayecto o aunque alguien decida traicionarte y hacerte mal. Dios es el quién finalmente decide cómo y por qué llevarte por determinado camino. Las personas no tienen la última palabra en tu vida; Dios tiene la última palabra.

JUNIO 27

No solamente atravieses la crisis, sino que crece en ella. Somos cada uno de nosotros los que decidimos con nuestra actitud si algo nos detiene y nos deprime o si dejamos que eso nos haga crecer. Cuando una semilla está plantada en la oscuridad de la tierra, se abre paso a pesar de sus circunstancias incómodas actuales. Tú decides si lo que está ocurriendo te estanca, o te hace crecer. Es tu decisión crecer en los momentos oscuros o si te dejas ahogar por ellos. Dios no permite algo en tu vida si no tiene planes de utilizarlo para tu bien. Reconoce que lo que estás atravesando te está haciendo crecer. No solamente atravieses la crisis, sino que crece en ella.

~

JUNIO 28

La incomodidad que te gustaría cambiar en tu vida, es precisamente la que te está haciendo florecer. Dios se vale de nuestras circunstancias para trabajar en nosotros. Él utiliza la incomodidad en el empleo, las fricciones relacionales con la familia, o los desacuerdos y la convivencia en el matrimonio. Hay cosas que sé que te gustaría cambiar en este momento. Es esa parte que conforma tu vida que te gustaría que fuera diferente. O tal vez estás librando una batalla interna que solo Dios y tú saben. No sé qué es lo que está significando incomodidad en tu vida, pero eso es lo que está agregando el fertilizante para que florezcas y vayas a un siguiente nivel. La incomodidad que te gustaría cambiar en tu vida, es precisamente la que te está haciendo florecer.

JUNIO 29

Del tamaño de tu entrenamiento, es el tamaño de tu destino.
Dios no desperdicia entrenamiento con nadie. Él permite lo
que tenga permitir que represente un entrenamiento en tu vida
para lo que viene. Él ya sabía de ante- mano de la traición, de
las lágrimas en soledad, de las veces que te ha tocado
contener las lágrimas en un matrimonio en ruinas o las veces
que te ha tocado levantarte del piso por ti mismo y seguir
caminando. Todo eso es requerido para que seas formado
para tu futuro. Recuerda que para llegar al pico de una
montaña hay que subir por el camino pedregoso de los costados. Sé que has tenido pruebas fuertes de sobrellevar, y es
porque tu futuro lo requiere. Del tamaño de tu entrenamiento,
es el tamaño de tu destino.

JUNIO 30

Dios te llevará a un lugar que nunca soñaste. Puede que tus circunstancias presentes no luzcan como que te estás moviendo hacia algún lugar. En ocasiones sentimos como que estamos dando pasos hacia atrás, en lugar de avanzar. Lo cierto es que ninguno de nosotros decide cómo Dios decide llevarnos y por dónde. Ojalá Dios tomara el ascensor para elevarnos, pero en muchas ocasiones Él prefiere la escalera. Porque es en cada etapa que se agrega en ti crecimiento, madurez, sabiduría y una perspectiva diferente de la vida. Sin importar cuál sea tu presente, confía en que estás siendo dirigido hacia lo que representa en su totalidad tu Tierra Prometida. La mejor parte de tu vida está recién por comenzar. Dios te llevará a un lugar que nunca soñaste.

～

JULIO

"Vosotros pensasteis mal contra mí, mas Dios lo encaminó a bien, para hacer lo que vemos hoy, para mantener en vida a mucho pueblo."

— Génesis 50:20

JULIO 1

Una dificultad, un tiempo de oscuridad no tiene el por qué privarte de tu destino. En realidad, esa dificultad puede hacer lo opuesto. Puede impulsarte hacia tu destino. Debido a las emociones, vemos en su momento las situaciones adversas como que serán una constante, cuando nada más son una estación destinada a pasar. También los desiertos tienen fecha de caducidad y no son eternos. La vida se desarrolla por estaciones, ciclos y temporadas. Y el hecho que te encuentres en una estación difícil no quiere decir que te has desviado o que tu destino ha sido cancelado. Una dificultad, un tiempo de oscuridad no tiene el por qué privarte de tu destino.

JULIO 2

Estás siendo preparado para las bendiciones. Dios permite situaciones en nuestra vida para prepararnos y formarnos interiormente. Tu vida está en la estación de echar raíces y solidificarse. Todo requiere de un proceso. Para que podamos contener la bendición debemos pasar ciertas temporadas que Dios permite para prepararnos para ello. Tú no le darías un auto a tu hijo de siete años, pero si se lo podrías prestar cuando cumpla la mayoría de edad. Es el mismo hijo, pero con un nivel diferente de madurez, crecimiento, y capacidad. Una bendición fuera de tiempo te representaría una maldición. ¡Resiste! Las bondades de Dios vienen a tu vida. Estás siendo preparado para las bendiciones.

JULIO 3

Puede que haya personas que están tratando de detenerte, pero Dios los va a utilizar para incrementarte. La oposición también es utilizada para hacerte avanzar. Muchas veces tus enemigos vienen a ser los mejores amigos de tu destino. Jesús sabía que la oposición de los Fariseos en su contra era necesaria para que se cumpliera lo escrito. No pienses que la oposición te detiene, para Dios la oposición te impulsa dentro del plan divino. Todo lo que es destinado para tu mal, será usado para tu bien. Puede que haya personas que están tratando de detenerte, pero Dios los va a utilizar para incrementarte.

~

JULIO 4

Las personas no tienen la última palabra en tu vida; Dios tiene la última palabra. Es fácil pensar que otras personas deciden acerca de nuestro camino. Dios es el Dueño de tu vida y es el que decide cómo y por qué llevarte por determinado camino. Puede que haya otras personas que han estado juzgando tus motivaciones, tratando de buscarte faltas y hacerte ver mal, o simplemente se te oponen sin ningún motivo aparente. Todo ha sido permitido para que tu fe eche raíces profundas porque necesitaras ese tipo de fe para lo que viene. Aunque haya enemigos en contra, aunque te toque enfrentarte a gigantes en el trayecto o aunque alguien decida traicionarte y hacerte mal. Las personas no tienen la última palabra en tu vida; Dios tiene la última palabra.

JULIO 5

Dios utiliza las dificultades para movernos hacia nuestro destino. La adversidad, en realidad, es el transporte utilizado para conducirnos por una determinada dirección. Una puerta que se cierra es lo que nos obliga a buscar la puerta correcta donde debemos de estar en determinado tiempo. Necesitas confiar con todo tu interior de que Dios controla el universo y que es él quien decide sobre tu vida. Así como un niño pequeño confía cuando sus padres están cerca. De la misma manera, debes de confiar en que todo está siendo dirigido por tu Padre en los cielos. Dios utiliza las dificultades para movernos hacia nuestro destino.

JULIO 6

Dios aún está en el trono. Muchas veces al pasar dificultades pensamos que a Dios se la han escapado nuestras circunstancias de sus manos o que se ha desentendido de nuestros caminos. Nada está más lejos de la realidad. En las Escrituras leemos que hasta los cabellos de tu cabeza están todos contados. Es como que tú no estuvieras pendiente de tus hijos mientras ellos todavía son dependientes, y necesitan cuidado. Cuando cosas difíciles te ocurran, cuando seas traicionado, o cuando las circunstancias te agobien; recuerda que todo es parte del plan y que hay un Soberano sobre todo y sobre todos. Dios aún está en el trono.

Ver Lucas 12:7

JULIO 7

Tu destino es el palacio. En las Escrituras, en el libro del Génesis, leemos acerca de la vida de alguien llamado José, quien pasó cosas muy duras antes de que pudiera llegar a su destino final, que era el palacio. Primeramente, José fue traicionado por su familia, tirado a una cisterna y vendido como esclavo. Tuvo toda clase de traiciones, oposición y desengaño. Pero José sabía que eso que estaba sucediendo no era su destino final, era nada más un capítulo de su historia y se requería que se mantuviera firme en su fe. Luego José, al pasar años de adversidad, tuvo gran favor con el faraón de la tierra de Egipto, poniéndolo a cargo como el segundo con mayor autoridad en toda la región. Lo que sea que esté ocurriendo en tu vida, recuerda, como José, que este no es el final de tu historia, es nada más un capítulo. Tus días no terminan en esta estación del trayecto. Tu destino es el palacio.

Ver Génesis 41:38-40

JULIO 8

Dios te ha destinado para vivir una vida victoriosa. No hay victorias reales, sin batallas reales. Lo que hace que te pares con mayor firmeza en tu presente ha sido las veces que te ha tocado resistir en fe en tu pasado. No fuiste creado ni diseñado para quedarte en el medio del trayecto. El último capítulo de tu historia no es la disfunción, ni los problemas relacionales con otras personas, ni el estancamiento. Tu naturaleza no es quedarte en una de las etapas del entrenamiento. Por duro que pueda ser algo, no fuiste destinado para quedarte allí. Dios te ha destinado para vivir una vida victoriosa.

JULIO 9

Estás siendo guiado hacia tu destino. En el libro de los salmos leemos que Dios nos hará entender la senda donde debemos transitar y que fijará sobre nosotros sus ojos. Lo que te está diciendo es que Él no te pierde de vista y está activamente guiándote en el camino. Dios conoce los caminos torcidos, los que son más largos, los que conducen a callejones sin salida, y los que están llenos de obstáculos. Pero también conoce perfectamente aquellos caminos que nos conducen hacia el plan de bien para cada uno de nosotros. Así como un conductor se conecta al satélite del posicionamiento global para que pueda ser guiado por la carretera, así debes mantenerte en fe y conectarte a tu Dios. Aunque a veces no lo sientas así, estás siendo guiado hacia el cumplimiento de tu destino. Dios te llevará donde se supone que debes de estar. Estás siendo guiado hacia tu destino.

Ver Salmos 32:8

~

JULIO 10

Si hay personas que se fueron de tu vida es porque no eran parte de tu destino. Hay personas que no pueden ir hacia donde te diriges. Si alguien de tu pasado, no está en tu presente, es porque no pertenece a tu futuro. Muchas veces son las personas que están cerca las que obstaculizan tu crecimiento y el trabajo que Dios está haciendo en ti. Las personas correctas no pueden venir si primero no dejamos ir a las incorrectas. Esto es difícil de hacer porque requiere el morir a emociones muy arraigadas en nosotros. Sin embargo, tienes una senda por transitar, un destino por cumplir. El caminar por las líneas escritas de tu destino requiere nuevas asociaciones. Aquellos que tienen que estar contigo estarán y los que se tienen que ir se irán. Si hay personas que se fueron de tu vida es porque no eran parte de tu destino.

JULIO 11

Dios quiere poner una nueva canción en ti. Es fácil perder el ánimo por las circunstancias de la vida. Estoy seguro de que hay partes de tu vida que te gustaría que fueran diferentes. Tal vez los años han pasado y no sientes que has avanzado. Puede que hayas tenido todo tipo problemas familiares o relacionales que te han desanimado. En muchos momentos del trayecto todos necesitamos ser reanimados. Nadie está capacitado de mantener la pasión y el ánimo todo el tiempo. Es muy probable que te hayas descorazonado por lo fuerte que han sido las pruebas o porque la espera de un milagro se ha alargado y sientes desfallecer. Dios es siempre el que se encarga de darte nuevas fuerzas. Un nuevo brillo viene a tu vida y un nuevo ánimo. Dios quiere poner una nueva canción en ti.

JULIO 12

Puede que te encuentres en un pozo, pero necesitas prepararte, porque estás saliendo de allí. Hay situaciones que Dios permite que tipifican el estar en un pozo donde sentimos que no tenemos salida. Es en esas situaciones límite donde no vemos por dónde puede haber un escape o cómo podremos salir airosos de ella. Lo que está ocurriendo no es tu final. No fuiste formado en el vientre de tu madre para que tus días terminen dentro de una situación sin salida y sin esperanza. Tus días no terminan aquí. Esta temporada de sentirte atrapado y sin salida en un hoyo profundo está terminando. Puede que te encuentres en un pozo, pero necesitas prepararte, porque estás saliendo de allí.

JULIO 13

Todas las bendiciones que Dios te prometió, Él aún tiene la intención de hacerlas pasar. Tu final no es el pozo, tu destino es el palacio. No te quedarás a mitad del desierto, porque Dios te prometió una Tierra Prometida. Puede que Dios no tome las vías convencionales para bendecirte, pero confía porque estás dentro de un plan. Los planes para darte un futuro de bien y de esperanza están siguiendo su curso. Dios ya tenía escrito absolutamente todas las etapas que tendrías que pasar hasta llegar hacia lo que represente tu Tierra Prometida. Dios cumple lo que promete y nunca rechaza a alguien que toma por hijo. Todas las bendiciones que Dios te prometió Él aún tiene la intención de hacerlas pasar.

~

JULIO 14

Un toque del favor de Dios y tú iras de una posición trasera a una delantera. Permite que sea Dios quien te abra las puertas. Es cierto que Él utiliza tu esfuerzo y perseverancia para hacerte avanzar, pero finalmente es Él el que decide posicionarte en un determinado lugar. Continúa siendo fiel allí donde te encuentras. La fidelidad es probada en los lugares incómodos. Puede que no te encuentres en el lugar ideal, pero recuerda que estás allí de tránsito. Para mantenerte fiel en una tierra de abundancia, primero necesitas mantenerte fiel en la tierra de la escasez. Es en el desierto donde demostramos si somos capaces de ser fieles para recibir la Tierra Prometida. Un toque del favor de Dios y tú irás de una posición trasera a una delantera.

JULIO 15

A sí como Dios abre puertas, Él cierra puertas. Una puerta que se cierra está simbolizando que es hora de cambiar o redireccionarte hacia otro lugar. Son las puertas que se cierran las que te conducen a las puertas correctas. Cuando Dios ve que un ambiente limitado, que una asociación, que una determinada posición va a evitar o atrasar para que lo que fuiste creado para ser, cierra esa puerta para obligarte al cambio o hacia una nueva dirección. Hay bendiciones que no llegan a nuestra vida a menos que determinadas puertas se cierren. Más adelante mirarás hacia atrás y darás gracias por las puertas que se cerraron. Si una puerta se cierra, recuerda que es parte del plan que te llevará al genuino propósito de tu vida. Así como Dios abre puertas, Él cierra puertas.

~

JULIO 16

Dios sabe lo que hace al cerrar ciertas puertas. Muchas veces queremos estar en un lugar, en una relación, en una posición de por vida; pero lo que no sabemos, es que eso limitaría nuestro potencial y lo que Dios quiere hacer en nosotros. Él sabe lo que necesitamos para crecer porque conoce nuestra estructura emocional y la manera en que el crecimiento es provocado en cada uno de nosotros. Puede que en su momento, emocionalmente no se sienta bien cuando una puerta se cierra, pero más adelante verás que es lo mejor que te pudo haber pasado. Se requiere madurez para confiar en Dios cuando un ciclo se termina; pero es crucial aceptarlo para poder entrar por la siguiente puerta. Dios sabe lo que hace al cerrar ciertas puertas.

JULIO 17

C nada en tu vida sin que vaya de alguna manera onfía! Lo mejor está por venir. Dios no permite ayudarte a avanzar. En muchas ocasiones sentirás como que estás dando pasos hacia atrás. Sentirás como que tu vida se va en picada en lugar de elevarte. Nunca es lo que parece o lo que sentimos; hay propósitos detrás de todo lo que sucede. Aunque los fuertes vientos griten y amenacen, continúa escuchando el susurro de la fe. La Tierra Prometida está en tu porvenir, pero no te puedes evitar el trayecto del desierto. Antes de la abundancia, hay periodos de escasez. Y lo que te hace apreciar las oportunidades que vienen, es el haber pasado momentos de incertidumbre. Dios está desarrollando los planes del bien que tiene para tu vida. ¡Confía! Lo mejor está por venir.

~

JULIO 18

Todo está bien, aunque no siempre lo podamos ver. Es fácil perder la perspectiva cuando estamos agobiados por las dificultades. Solemos perder la perspectiva en los momentos que parecen malos, en los que parece que estamos retrocediendo, o en los que estamos en medio de la traición y la desolación. Por estar sumergido en nuestras emociones, por lo que sucede, sé que es difícil tomarlo con calma. Pero recuerda que Dios es el que tiene el control tanto de tu vida como de todo lo que sucede. Si Dios permite algo, es porque Él sabe cómo sacar algo bueno de ello. Cuando algo inesperado te suceda, recuerda que fue permitido para más adelante sumar a tu avance. Todo está bien, aunque no siempre lo podamos ver.

JULIO 19

Dios siempre piensa en hacerte bien tanto a ti como a otros. No siempre se trata de nosotros. En ocasiones Dios te incomodará o te sacará del camino para ayudar a otras personas. También las pausas y los retrasos son permitidos por Él en tu vida porque hay un propósito para ello. Puede que te encuentres en ese lugar de trabajo a causa de alguien más. Tal vez has sido puesto cerca de alguien que necesita esperanza o que alguien le hable acerca de tener fe. La vida no gira en torno a nosotros, sino alrededor de Dios y sus propósitos. Sin que te hayas dado cuenta, has sido utilizado en muchas ocasiones como instrumento para bendecir a otros. Dios siempre piensa en hacerte bien tanto a ti como a otros.

JULIO 20

Si Dios te tiene allí, Él ha ordenado tus pasos. En las Escrituras, en el libro de los Salmos, leemos que el camino de los justos es conocido. Es muy probable que no te hayas dado cuenta de que has sido dirigido a los lugares donde se supone que deberías de estar hasta la fecha. En la voluntad de Dios están tus tiempos, temporadas y ciclos. Él decide el tiempo en que permite que te encuentres en un determinado lugar. Hay un tiempo para todo y cuando sea tiempo de moverte, lo sabrás. Si Dios te tiene allí, Él ha ordenado tus pasos.

Ver Salmos 1:6

JULIO 21

Puede que no le veas ahorita, pero hay una bendición en la oscuridad. Hay un periodo de tiempo donde Dios nos permite pasar por momentos de aparente oscuridad para luego bendecirnos. Nunca podríamos alcanzar nuestro máximo potencial si no pasamos estas etapas de incomodidad. Así como la semilla en la tierra que necesita ese periodo de oscuridad para luego poder salir a la luz. Así nosotros necesitamos todos necesitamos etapas de preparación. Los momentos de oscuridad podría ser el pasar por una depresión, una pérdida, un sueño roto, un periodo de salud frágil o dificultades con tu matrimonio. No sé lo que está representando tu etapa de oscuridad, pero es necesaria para desarrollarte para la siguiente temporada. Puede que no le veas ahorita, pero hay una bendición en la oscuridad.

JULIO 22

Nada es desperdiciado. Todo lo que te ha tocado enfrentar hasta el sol de hoy ha sido un entrenamiento. En las Escrituras leemos que cuando Dios ama a alguien, lo disciplina. Las temporadas donde somos obligados a perseverar son necesarias. La base de una construcción es lo más importante, porque es lo que sostiene toda la estructura. Entonces cada temporada difícil que te ha tocado enfrentar ha sido para agregar fortalecimiento a las bases de tu carácter. Lo bueno y lo malo que has pasado, las temporadas de escasez y de abundancia, la fidelidad de las personas y su traición; todo es parte del entrenamiento. Nada es desperdiciado.

JULIO 23

Si te mantienes en fe, la dificultad no te va a detener, te va a
fortalecer. Las cosas no te suceden a ti, suceden para ti. Aun
las cosas que no entiendes por qué suceden están añadiendo
en ti lo que necesitas desarrollar. También en esos momentos
cuando sientes que pasa algo que parece como que te lleva de
retroceso en lugar de avanzar. La verdad es que no puedes
alcanzar tu máximo potencial sin que las dificultades añadan
nutrientes, como un fertilizante lo hace con las plantas. El
fertilizante puede que no huela bien, pero es lo que está
añadiendo lo necesario para que las flores florezcan. Si te
mantienes en fe, la dificultad no te va a detener, te va a
fortalecer.

JULIO 24

Dios te está preparando para algo más grande. Las dificultades son parte de la vida. Ojalá te pudiera decir que hay una manera sin vivir sin problemas, pero esa no es la realidad. Vas a tener temporadas de tormentas y desiertos. Puede que vengan por medio de problemas familiares, fricciones en tu matrimonio, dificultades con las acciones de tus hijos, bancarrota o algún tipo de adicción. No sé qué es lo que representa tu desierto personal y privado; pero lo cierto es que estás siendo preparado para la Tierra Prometida. Dios no estuviera permitiendo este tipo de entrenamiento contigo, si no fuera a llevarte hacia algo mayor. Resiste en las temporadas difíciles y no te rindas. Dios te está preparando para algo más grande.

~

JULIO 25

Si te mantienes haciendo lo correcto, vendrás a una temporada de crecimiento y oportunidades para los nuevos niveles de tu destino. La manera de pasar exitosamente una materia que Dios permite en tu vida es con una buena actitud y mantenerte en fe. Puedes atravesar un desierto quejándote o siendo agradeciendo. Si alguien no tiene una buena actitud en medio de la escasez, tampoco la tendrá en medio de la abundancia. Y es que Dios sabe que si alguien es fiel en el desierto, también lo será cuando entre a la Tierra prometida. Sigue en fidelidad y continúa agradeciendo aún en las temporadas de sequía. Si te mantienes haciendo lo correcto, vendrás a una temporada de crecimiento y oportunidades para los nuevos niveles de tu destino.

~

JULIO 26

Este no es el tiempo de sentir lástima de ti mismo, es tiempo de prepararte para lo que viene. No puedes estar asumiendo una actitud de víctima. Te roba enfoque, fe y fuerzas estar siempre viendo para atrás recordando lo que sucedió o lo que no funcionó. Puede que ese negocio no haya prosperado como querías, que alguien se haya marchado de tu vida, que ese matrimonio por el que tanto luchaste haya fracasado o que determinada puerta sin previo aviso se haya cerrado. Si algo se quebró en tu pasado, déjalo donde se quedó. Ya no puedes regresar atrás a tratar de juntar los pedazos rotos de algo que se quebró tiempo atrás. Reconcíliate con tu pasado. Lo que sucedió y de la manera que ocurrió dejó perlas de sabiduría en ti, y una nueva capacidad de ser resiliente. Este no es el tiempo de sentir lástima de ti mismo, es tiempo de prepararte para lo que viene.

JULIO 27

T de lo que piensas. Cuando se construye un edifien ánimo! Te estás fortaleciendo. Eres más fuerte cio, se pone mucho énfasis en él fortaleciendo de la base, porque sesabe de antemano que dicha construcción será expuesta a diferentes cambios climáticos y necesita resistir. De la misma manera, Dios te está fortaleciendo porque sabe que serás expuesto donde necesitarás la fortaleza que se está formando en ti en el presente. Puede que no te guste cierta situación o se te haga incómoda en tu presente, pero es lo que te está enriqueciendo y fortaleciendo para el futuro. Hay un tipo de fortaleza que solo puede desarrollarse al pasar temporadas difíciles. ¡Ten ánimo! Te estás fortaleciendo.

JULIO 28

Solamente porque pasaste algo injusto, no quiere decir que Dios no tenga un futuro maravilloso frente a ti. Las injusticias son parte de la vida. Absolutamente todos pasamos cosas que claramente son injustas y no deberían haber ocurrido. Pero no podemos hacer nada acerca de lo que ocurrió. Es una pérdida de tiempo seguir entreteniendo tus pensamientos en ese episodio de injusticia que pasaste. Puede que te haya pasado algo injusto, pero Dios sigue teniendo un plan. Las injusticias no detienen los planes divinos, sino que son utilizadas para que dichos planes se cumplan. Solamente porque pasaste algo injusto, no quiere decir que Dios no tenga un futuro maravilloso frente a ti.

~

JULIO 29

No te amargues por esa situación incómoda, porque hay un nuevo nivel desarrollándose en ello. Dios está dirigiendo tus pasos. A todos nos gustaría que Dios nos llevara por un elevador, pero Él prefiere las escaleras. Cada nivel requiere fidelidad y perseverancia. Las cosas que realmente valen la pena en tu vida son las que se alcanzan con constancia y aprendizaje. Lo que se obtiene rápido, se termina perdiendo debido a la falta de formación del carácter. Pasamos la prueba cuando aprendemos a contentarnos y a tener una buena actitud. Es precisamente lo que te está causando incomodidad en el presente, lo que está haciendo que te eleves y florezcas. Resiste en este momento de incomodidad, porque eso está causando de que vayas donde tienes que ir y estés donde tienes que estar. No te amargues por esa situación incómoda, porque hay un nuevo nivel desarrollándose en ello.

JULIO 30

Dios te llevará a un lugar donde nunca has soñado estar. Estás siendo preparado para las bendiciones. Si tienes muchas cosas de las cuales te podrías quejar en este momento, es porque Dios tiene un gran destino preparado para ti. Del tamaño de las pruebas es el tamaño de tu destino. Puede ser que hayas sido menospreciado, o subestimado. Talvez hayas pasado burla o vergüenza de parte de otros. Y es que solamente Dios sabe y puede ver hacia donde te está llevando. Las personas no deciden tu destino, Dios sí lo hace. Puede que hayas experimentado burla de otros en tu pasado, pero serán los mismos que verán cómo te estableces en tu futuro. Dios te llevará a un lugar donde nunca has soñado estar.

JULIO 31

Las personas no tienen la última palabra, Dios tiene la última palabra. Estás siendo llevado hacia donde se supone que debes de estar. La injusticia es utilizada para hacerte avanzar. Leemos en las Escrituras, en el libro del Génesis acerca de la vida de José en Egipto, un hombre al cual le pasaron todo tipo de tragedias antes de llegar hacia la posición de autoridad donde tenía que estar. Incluso su propia familia trató de detenerlo para invalidar la promesa. Pero fue precisamente las grandes dificultades lo que hicieron que José llegará finalmente a ser el segundo al mando después del Faraón. Cuando alguien trate de obstaculizarte, no pienses que lo logrará; ten la perspectiva que, sin saberlo, esa persona está siendo utilizada para hacerte avanzar. Las personas no tienen la última palabra, Dios tiene la última palabra.

Ver Génesis 50:20

~

AGOSTO

"El da esfuerzo al cansado, y multiplica las fuerzas al que no tiene ningunas."

— *Isaías 40:29*

AGOSTO 1

Dios te ha destinado para que vivas una vida victoriosa. Tu destino es el palacio. Dios es el que decide tus tiempos. Ya está decidido el tiempo en que termina tu desierto. Puede que hayas estado pasando algún tipo de injusticia. Tal vez has tenido temporadas donde te ha tocado ser fiel por años en un lugar donde no has tenido una valoración por tu trabajo o consideración por tu fidelidad. Tu tiempo para ser promovido al siguiente nivel de tu destino ha llegado. Nada de lo que te ocurrió fue el final. No fuiste formado en el vientre de tu madre para quedarte a mitad del camino. Dios te ha destinado para que vivas una vida victoriosa.

AGOSTO 2

Si alguien se fue de tu vida, es porque nunca fue parte de tu destino. Si alguien de tu pasado, no está en tu presente, es porque no pertenece a tu futuro. Dios trae las personas correctas a tu vida, pero primero hay que dejar ir a las incorrectas. Hay personas que llegan de tránsito a tu vida; su naturaleza no es quedarse. Dios sabe lo que hace. Él ya estuvo en tu futuro y sabe que determinada relación, o determinada asociación, no va a contribuir al final para tu avance. Aunque haya sido difícil que en su momento aceptarlo, si alguien se fue de tu vida, es porque nunca fue parte de tu destino.

AGOSTO 3

Dios quiere poner una nueva canción en tu corazón. Puede que te encuentres en una situación donde estás con cansancio por lidiar con la misma situación una y otra vez. Tal vez te encuentras desanimado por lo fuerte de las pruebas y el calor del desierto. Dicen las escrituras que Dios da esfuerzo al cansado y multiplica las fuerzas al que no tiene ninguna. La depresión no es el final. Esa temporada de salud frágil no es el final. Que esa o esas personas se hayan marchado de tu vida no es el final. Cada bendición que Dios te prometió, Él aún tiene toda la intención de hacerlo pasar. Un nuevo aliento y un nuevo ánimo vienen a tu vida. Dios quiere poner una nueva canción en tu corazón.

Ver Isaías 40:29

AGOSTO 4

Atrévete a confiar en Dios aun cuando sientas como que estás retrocediendo. Es fácil tener fe y confiar cuando todo sale como queremos, pero que tal cuando nos toca atravesar situaciones que no entendemos y sentimos como que estamos retrocediendo. Es en los momentos donde más incómodos nos sentimos, cuando más debemos confiar. Dios sabe que es lo mejor para ti y tus pasos están todos ordenados por Él. Puede que luzca como que estás retrocediendo, pero lo que no se puede ver, es que Dios está tomando vías alternas para bendecirte y hacer pasar sus planes. Atrévete a confiar en Dios aun cuando sientas como que estás retrocediendo.

AGOSTO 5

Tú tienes la fuerza, el poder y la gracia para atravesar momentos oscuros. Dios no permite nada en tu vida sin saber de antemano que tienes lo que hace falta para enfrentarlo. No serás puesto al pie de una montaña que no puedas escalar. Cuando fuiste formado en el vientre de tu madre, ya fue agregado internamente lo que necesitarías para todo tu trayecto de vida. Hay un tipo de fortaleza interna que sale a menos que enfrentes algo que la exponga y la haga salir. Eres más fuerte de lo que piensas. Ya tienes todo lo que hace falta para cada situación. Tú tienes la fuerza, el poder y la gracia para atravesar momentos oscuros.

AGOSTO 6

Estás bendecido para esa dificultad. La bendición de Dios sobre tu vida es la que hace que puedas atravesar momentos difíciles. Nunca pienses que no podrás atravesar una situación. La realidad es que, sin saberlo, ya eres bendecido para todo lo que te salga al encuentro. Aunque el miedo le grite ferozmente a tu mente para que te rindas, sigue escuchando la apacible voz de la fe a tu corazón que te dice: "Continúa, Yo te ayudo." Ten una nueva perspectiva de las situaciones difíciles. Cuando te encuentres enfrentando una situación desafiante, solamente recuerda que si eso llego a tu vida es porque ya estás bendecido para enfrentarlo. Estás bendecido para esa dificultad.

AGOSTO 7

No te desanimes por la dificultad, no es el final. No fuiste formado en el vientre de tu madre para quedarte a mitad del trayecto. Tus días no terminan sobre las áridas arenas de un desierto. Te estoy pidiendo que confíes en Dios en los momentos de dificultad; cuando no entiendes lo que está pasando y estás incómodo. Atrévete a creer que Dios está en control, que Él sabe que es lo mejor, que tus pasos son ordenados por Él. El hecho que te encuentres en un capítulo de tu vida donde hay dificultad, no quiere decir que es el último capítulo de tu historia. No te desanimes por la dificultad, no es el final.

～

AGOSTO 8

Tus pasos y tus pausas están ordenados por Dios. En las Escrituras leemos que los pasos del hombre son ordenados y aprobados por Dios. Puede que no te hayas dado cuenta de que has estado siendo guiado por la mejor senda. Dios conoce los caminos torcidos, los callejones sin salida, y aquellos que representaran atraso y desilusión. También los atrasos han sido divinamente orquestados en tu vida. Muchas veces Dios también permite pausas en tu vida con un propósito. Aunque no lo sientas así, pero estás siendo dirigido hacia tu destino. Tus pasos y tus pausas están ordenados por Dios.

AGOSTO 9

Ya tienes la fuerza, el poder y la gracia para atravesar la dificultad. Todo lo que necesitas ya fue puesto en ti desde el vientre de tu madre. Todos tus dones, tus talentos, tus capacidades y hasta el Poder para resistir fue puesto en ti desde el inicio de tu existencia. Dios ya estuvo en tu futuro y conoce lo que enfrentaras. ¿Por qué Dios en su perfección y sabiéndolo todo crearía a un ser humano sin la capacidad de resistir? Hasta los arquitectos diseñan una estructura considerando los cambios climáticos de la zona. De la misma manera, la fortaleza puesta en ti desde el vientre de tu madre, fue en consideración con lo que ibas a enfrentar en el camino. Tú tienes lo que hace falta. Ya tienes la fuerza, el poder y la gracia para atravesar la dificultad.

AGOSTO 10

No estás bendecido debido a la prueba, estás bendecido para la prueba. Dios está enviando viento de avance en tu dirección. Él también resistirá a tus enemigos y los hará retroceder. No te frustres porque a veces no ocurre a tu manera o a tu tiempo. La bendición de Dios está sobre tu vida para enfrentar lo que venga. Ya tienes lo que hace falta. La bendición de fortaleza, de perseverancia y de resiliencia está contigo. Ten una nueva perspectiva. No estás bendecido debido a la prueba, estás bendecido para la prueba.

AGOSTO 11

Ese problema es el transporte que te está llevando el siguiente nivel de tu destino. Dios se vale de todo para hacer pasar sus planes. Leemos en las Escrituras que hay pensamientos de bien y no de mal para tu vida. Fue el odio y la hipocresía de un grupo religioso como los Fariseos los que contribuyeron que se cumpliera el plan escrito acerca de la redención de la humanidad por medio del Hijo de Dios. No solamente avanzas cuando las cosas están bien, también avanzas cuando te encuentras en la dificultad. Ese problema es el transporte que te está llevando el siguiente nivel de tu destino.

Ver Jeremías 29:11

~

AGOSTO 12

Vas a empezar a ver cómo Dios conecta los puntos en tu vida. Hay cosas que suceden que carecen de sentido y de lógica. Hay cosas que sé que no puedes ver cómo puede venir algo bueno de eso. Dios puede ver el cuadro completo, mientras tú puede que estés viendo nada más una parte oscura del lienzo. Es muy probable que te preguntes por qué esa oportunidad se terminó, por qué te despidieron de ese empleo, por qué esa persona se marchó de tu vida, por qué te negaron el crédito, o por qué tuviste que pasar esa temporada de salud frágil. Todos tenemos esas preguntas. No sé cuáles son las preguntas personales y privadas que no te hacen lógica alguna. Pero no olvides cuando algo no haga sentido, que estás dentro de un plan. Vas a empezar a ver cómo Dios conecta los puntos en tu vida.

AGOSTO 13

Lo que luce como una decepción, como una traición, o como un retraso es todo parte del plan de Dios. Cuando te encuentras en medio de la dificultad es muy probable que te cueste ver que algo bueno puede venir de allí. Tal vez te tocó luchar por un matrimonio que al final se destruyó por completo. Puede que alguien te traicionó y se marchó de tu vida. Tal vez estás atravesando algún problema emocional que está obstaculizando a que te levantes y sigas adelante. Es en todos estos momentos cuando nos cuesta ver con claridad debido a que estamos inmersos en el dolor. Sin embargo, te estás encontrando con estas palabras para que recuerdes que cada paso de tu vida está divinamente orquestado. Y aunque no lo parezca así, en medio de la dificultad se están desarrollando los planes de bien para tu vida. Lo que luce como una decepción, como una traición, o como un retraso es todo parte del plan de Dios.

~

AGOSTO 14

Las situaciones adversas te están moviendo poco a poco de la oscuridad hacia tu destino. Dios sabe lo que está haciendo. Puedes leer en el libro de Génesis como José fue llevado en medio de toda clase de dolorosas traiciones, soledad, encarcelamiento, hacia el Palacio. Dios sabía que iba a necesitar posicionar a alguien como José y darle autoridad para que salvase del hambre a mucha gente. Entonces empezó a mover a José para ese propósito. Y aunque el camino no fue el más fácil para José, leemos que todo lo que le sucedió fue parte del plan. De la misma manera, todo lo que sucede en tu vida es parte del plan. Y aunque sientas que no te estás moviendo, lo cierto es que estás avanzando hacia donde tienes que estar. Las situaciones adversas te están moviendo poco a poco de la oscuridad hacia tu destino.

～

AGOSTO 15

Lo que las personas te puedan quitar no detiene tu propósito. Ni la decepción ni la traición detienen el llamado sobre tu vida. Las promesas se cumplen por encima de la oposición del ser humano. También leemos en el libro de Génesis como los hermanos de José, llenos de envidia, le quitaron una túnica de colores que su padre le había dado, lo tiraron a una cisterna, para luego venderlo como esclavo. Esa túnica representaba para José el favor de su padre sobre su vida. Pero ni la envidia, ni las malas intenciones detuvieron la promesa sobre la vida de José. Y es que él estaba dentro de un plan divinamente orquestado. Lo que lucía como problema era realmente la mano de Dios. Lo que las personas te puedan quitar no detiene tu propósito.

Ver Génesis 45:5

AGOSTO 16

Estás siendo dirigido hacia la sanidad, la plenitud y la victoria. El hecho que enfrentes tormentas no quiere decir que no te estés moviendo. Cuando atravesamos temporadas que representan crisis, solemos perder la perspectiva y pensamos que la dificultad va a ser permanente. Lo cierto es que los desiertos también tienen fecha de expiración. La dificultad es el transporte que te está llevando hacia donde tienes que estar. Lo que te conduce al pico de una montaña es perseverar en los caminos pedregosos de los costados. Estás en una ruta divina- mente orquestada. Estás siendo dirigido hacia la sanidad, la plenitud y la victoria.

AGOSTO 17

Lo que Dios ha comenzado en tu vida, lo va a terminar. Dios cumple sus promesas. Una de las características del carácter de Dios tiene que ver con su fidelidad. Aunque nosotros seamos infieles y fallemos, Él siempre permanece fiel. La fidelidad divina es algo en lo que puedes confiar. Los seres humanos nos fallamos unos a otros, cometemos errores, y todavía estamos en medio de la construcción de nuestro carácter. Sin embargo, aunque falles como ser humano, Dios se mantendrá con toda la intención de cumplir cada promesa que te ha prometido. No te quedarás en medio del camino, ni inconcluso. Lo que Dios ha comenzado en tu vida, lo va a terminar.

~

AGOSTO 18

Tu tiempo viene. Así no es como tu historia termina. Dios conoce el final desde el principio. Él ya estuvo en tu futuro y sabe que llegarás a destino. Lo que fue intencionalmente hecho para dañarte, será utilizado para elevarte. El hecho que te encuentres atravesando un capítulo de escasez, de no ver nada ocurrir, de enfrentar crisis personales; no quiere decir que tu historia no tiene diferentes capítulos más adelante. Las Escrituras dicen en una de las versiones que Dios tiene registrado cada día de tu vida en su libro. Está por venir a tu vida el capítulo de la victoria, el capítulo de la sanidad, y el capítulo del favor sin precedentes. Este no es el final, estás pasando a la siguiente temporada. Tu tiempo viene. Así no es como tu historia termina.

～

AGOSTO 19

Dios sabe cómo restaurarte. Solamente Él puede sacar belleza de las cenizas. Hay áreas en la vida que se siente que están rotas y que no se ven como que pueden restaurar. Tal vez has estado luchando por años con situaciones que han venido a quebrar varias cosas en ti. Puede que necesites restauración emocional o espiritual. Tal vez las malas decisiones de alguien más han venido a afectarte negativamente y no sabes cómo salir de eso. En muchas ocasiones te sentirás impotente a lo que parece sin arreglo. Sin embargo, Dios es el que puede reconstruir tu matrimonio, sanar las heridas de tu alma, o llenar todo tipo de faltantes emocionales. Pon tu confianza en el Único que sabe cómo restaurarte con amor y por amor. Dios sabe cómo restaurarte.

AGOSTO 20

Si alguien te dejó caer, necesitas prepararte. Dios está a punto de levantarte. Las caídas son inevitables en la vida. Las caídas pueden ser por las malas decisiones de alguien más que te dejaron caer o te has caído por tus propias decisiones. Lo cierto es que en muchas ocasiones nos encontramos en situaciones donde no sabemos cómo salir o como levantarnos de allí. Es parte de la experiencia humana el sentirte muchas veces sin salida. Independientemente del tipo de caída que hayas experimentado, ese no fue el final de tu historia. Si alguien te dejó caer, necesitas prepararte. Dios está a punto de levantarte.

AGOSTO 21

Dios te va a llevar adonde no puedes ir por tu propia cuenta. Él es experto en hacer cosas para que no quepa duda alguna que ha sido su mano haciéndolo todo. Tú pones lo natural, y Dios pone lo sobrenatural. Debemos de aceptar nuestras limitaciones como seres humanos y saber que de muy pocas cosas tenemos realmente el control. Puede que tengas el control de tu esfuerzo, pero no de los resultados. No tienes el control de las circunstancias, pero sí de tu actitud y de la manera que reaccionas ante ello. Dios se llevará toda la gloria en tu vida, porque sabrás con claridad y sin ninguna duda que no pudiste haber llegado allí sin la gracia divina. Dios te va a llevar adonde no puedes ir por tu propia cuenta.

∼

AGOSTO 22

Prepárate para nuevos niveles. Tienes que saber que no importa lo que esté ocurriendo en tu vida, ese no es tu final. El que hayas atravesado por un episodio de traición no fue tu final. Esa temporada de salud frágil no fue tu final. El que hayas sido menospreciado y no tomado en cuenta tampoco fue tu final. No olvides que las crisis son el transporte que Dios utiliza para llevarte hacia donde se supone que debes de estar. Prepárate para incrementarte y ser llevado adonde no podrías ir por tu propia cuenta. Prepárate para nuevos niveles.

AGOSTO 23

Dios no te ha olvidado. Él ha visto cada noche solitaria, cada injusticia hecha, y cada vez que alguien te ha querido hacer mal. Dios es un Dios de justicia. Es Él el que te recompensa con bendición cuando observa cada injusticia hecha en tu contra. Las Escrituras dicen que no duerme el que defiende a Israel. Esto quiere decir que la protección de Dios sobre ti no cesa ni de día ni de noche. No has sido hecho a un costado ni tu destino ha sido cancelado. Tú tienes quien te defienda. Si has sido tirado al piso, necesitas prepararte. Estás a punto de ser puesto de pie. Dios no te ha olvidado.

Ver Salmos 121:4

AGOSTO 24

Cuando Dios se propone hacer algo, ni todas las fuerzas de las tinieblas pueden detenerlo. Las Escrituras dicen que Él hace lo que quiere en el cielo, en la tierra, en el mar y en sus profundidades. A Dios no le impresiona ni la astucia humana, ni los ejércitos de los pueblos, ni las intenciones contrarias del ser humano. Sus planes para contigo están vigentes como el primer día. Ni siquiera tus errores y debilidades podrán detener los pensamientos y planes de bien para contigo. No importa qué tantos obstáculos puedas estar atravesando. Está contigo la fuerza más grande del universo. Cuando Dios se propone hacer algo, ni todas las fuerzas de las tinieblas pueden detenerlo.

Ver Salmos 135:6

AGOSTO 25

Tú eres lo más preciado que Dios posee. No son todas las galaxias que conforman el universo. No es lo imponente de las majestuosas montañas o los colores de la aurora boreal. Tampoco son los colores que visten los lirios del campo, ni lo que se puede encontrar en los mares o más allá de los cielos. Eres tú a quien decidió darle el más grande valor a sus ojos sobre toda la creación y sobre quien decidió volcar todo su amor. Él ha prometido siempre ayudarte y siempre sustentarte con su diestra victoriosa. La gracia divina está sobre tu vida por siempre y para siempre. Eres extremadamente valioso a los ojos del Padre. Tú eres lo más preciado que Dios posee.

Ver Isaías 41:10

AGOSTO 26

Dios no se ha olvidado de las promesas que te ha dado. Si en algo puedes depositar tu absoluta confianza es la fidelidad divina. Puede que tú yo fallemos, pero Dios se mantiene fiel. Una de las características del carácter de Dios tiene que ver con su fidelidad. Él no te promete algo sin tener todas las intenciones de hacerlo pasar. Él no te dejará, hasta que haya hecho contigo lo que dijo que haría. No te quedarás a mitad del camino. Dios no se ha olvidado de las promesas que te ha dado.

~

AGOSTO 27

Dios no se ha olvidado de las promesas que te ha dado. Si en algo puedes depositar tu absoluta confianza es la fidelidad divina. Puede que tú y yo fallemos, pero Dios se mantiene fiel. Una de las características del carácter de Dios tiene que ver con su fidelidad. Él no promete algo sin tener todas las intenciones de hacerlo pasar. Los planes de bien para darte un futuro y una esperanza ya han sido previamente preestablecidos en tu vida. Poco a poco y en medio de lo que parece roto, estás siendo dirigido hacia donde se supone que debes estar. Dios no te dejará hasta que haya hecho contigo lo que dijo que haría. No te quedarás a mitad del camino, ni inconcluso. Dios no se ha olvidado de las promesas que te ha dado.

AGOSTO 28

Vas a salir mejor de esa situación de cómo estabas. Ojalá las cosas siempre ocurrieran a nuestra manera y a nuestro tiempo. Pero todos sabemos que la realidad es otra. Muchas veces Dios permite dolor en nuestra vida para luego bendecirnos. El dolor es parte de la experiencia humana. De lo contrario, el Padre no hubiese permitido dolor sobre Jesús como parte del plan de redención de la humanidad. También, el dolor es permitido con un propósito. Del otro lado de la crisis encontrarás abundancia, favor y ensanchamiento. Vas a salir mejor de esa situación de cómo estabas.

AGOSTO 29

Nada sucede en tu vida sin que Dios lo note. Él lo puede ver todo. Puede ver las injusticias, los faltan- tes, las veces que el ser humano te ha obstaculizado todas las veces que sufriste las consecuencias por los errores de alguien más. Dios sabe cómo hacer pasar las cosas que tú no podrías hacer pasar. Cada traición que te ha tocado atravesar ha sido vista. Esa vez que alguien más te dejó caer y fuiste abandonado en medio del dolor, fue visto. Todas las veces que te ha tocado ponerte de pie en soledad han sido vistas. Cada injusticia en tu vida ha sido vista y tendrás tu recompensa en bendición por cada una de ellas. Nada sucede en tu vida sin que Dios lo note.

AGOSTO 30

Dios controla todo el universo. Él ha visto los episodios de injusticia y de faltantes que pudiste haber atravesado desde la juventud. Puede que hayas venido de un hogar disfuncional y de escasez. Tal vez sentiste que no tuviste las mismas oportunidades o que hubo personas que no te trataron de manera justa. Puede que personas te hayan dejado en medio de situaciones difíciles y terminaste con un faltante. Sea lo que sea que haya sido el faltante o la injusticia en tu vida, Dios que todo lo ve y todo lo toma en cuenta, te recompensará por cada faltante y por cada injusticia. Estás a punto de ser recompensado. Dios control todo el universo.

$\sim$

AGOSTO 31

Tu tiempo viene. Sé qué has pasado a estas alturas varias temporadas de desiertos. Sé que ya has tenido que levantarte varias veces por qué alguien más te ha dejado caer o por situaciones fuera de tu control. Pareciera ser que muchas veces los problemas y las situaciones difíciles vienen una detrás de la otra sin darte tiempo de tomar aire para poder seguir resistiendo. Es en esos momentos cuando sientes que todo por fin va a mejorar, cuando viene algo nuevo a tirarte al piso y aminorar tu esperanza. Lo cierto es que tu tiempo en el desierto también tiene tiempo de caducidad. Puede ser que alguien te ha dejado caer, pero viene a tu vida el tiempo de favor, el tiempo de nuevas oportunidades, y el tiempo de extenderte. Tu tiempo viene.

～

SEPTIEMBRE

"Y os restituiré los años que comió la oruga, el saltón, el revoltón y la langosta, mi gran ejército que envié contra vosotros.- Comeréis hasta saciaros, y alabaréis el nombre de Jehová vuestro Dios, el cual hizo maravillas con vosotros; y nunca jamás será mi pueblo avergonzado."

— Joel 25:25-26

SEPTIEMBRE 1

Alguien te pudo haber dejado caer, pero no te desanimes. Vienen nuevos comienzos. Muchas personas no tuvieron la bendición de poder empezar de nuevo porque ya no están entre nosotros. Los nuevos comienzos también son un milagro. Alguien por sus malas decisiones te pudo haber dejado caer y eso provocó disfunción y dolor en tu vida. Dios lo considera todo a la hora de bendecirte. Él puede hacer que llegues adonde tú no podrías llegar por tu propia cuenta. Deja que Dios sea tu recompensa por cada injusticia y por cada vez que has sido obstaculizado para avanzar. Alguien te pudo haber dejado caer, pero no te desanimes. Vienen nuevos comienzos.

~

SEPTIEMBRE 2

Necesitas prepararte, porque tu tiempo viene. Mucho de la fe tiene que ver también con la expectativa de lo que aún no puedes ver. Tal vez te has encontrado estancado en una situación por años y no has podido salir por tu propia cuenta. Puede que sientas que al mirar a tu alrededor solamente puedes ver partes rotas de tu vida. Tal vez por mucho tiempo has olvidado quién eres, y poco a poco te fuiste alejando de tu propósito y no sabes cómo realmente regresar. Dios ha puesto atención a cada una de tus etapas y nunca te ha perdido de vista. Él sabía de antemano de la disfunción que pudiste haber pasado en tu niñez o las veces que los errores de alguien más te dañaron y te dejaron, por así decirlo, lisiado del alma. Pero ¡te animo! Porque el Dios que recompensa las injusticias está a punto de sorprenderte abriendo caminos donde no los hay y llevándote hacia donde se supone debes de estar. Necesitas prepararte, porque tu tiempo viene.

~

SEPTIEMBRE 3

Dios te recompensará y traerá justicia. Cada vez que eres tratado injustamente o que alguien haga algún tipo de injusticia contra ti, Dios toma nota y es algo que recordará a la hora de bendecirte. Él es el que te da el pago por cada injusticia, por cada traición, por cada vez que alguien hizo contigo algo injusto. Dicen las Escrituras, en el libro de Romanos, que la venganza le pertenece a Dios y que no somos nosotros el que damos el pago a otros por lo que hacen. El confiar en Dios también implica soltar todo tipo de venganza hacia alguien más y dejar que la justicia divina se encargue. Dios te recompensará y traerá justicia.

Ver Romanos 12:19

~

SEPTIEMBRE 4

Tú tienes sangre real en tus venas. Tú eres el hijo o la hija del Rey de reyes y Señor de Señores. No eres del montón. Fuiste creado minuciosamente en el vientre de tu madre para una misión. Todo lo que necesitas ya fue puesto en ti. Los dones, los talentos, la capacidad y hasta las áreas donde eres débil fueron divinamente formadas en ti. No fuiste creado para quedarte a mitad del camino. No fuiste formado para que tus días terminen en el desierto. Puede que alguien te haya dejado caer o haya sido injusto contigo en el pasado, pero igualmente tu destino es el palacio. Tú tienes sangre real en tus venas.

SEPTIEMBRE 5

Dios te ha coronado de favor y te ha destinado para vivir en el palacio. Es muy probable que te encuentres viviendo una etapa donde no luce como que te estás dirigiendo hacia algún lado. Son esos momentos donde se te dificulta ver cómo Dios podría llevarte, de donde estás, hacia donde se supone que debes ir. Todos pasamos esos momentos de incertidumbre. Lo cierto es que si lo tuvieras todo resuelto y se te mostrara todo el trayecto, entonces no sería un camino de fe. Y si tu presente no luce como que algún día vas a salir de allí, entonces te encuentras en el lugar correcto. Porque así Dios puede sorprenderte y mostrarles a otros que el favor divino está realmente sobre tu vida. Dios te ha coronado de favor y te ha destinado para vivir en el palacio.

～

SEPTIEMBRE 6

Puede que la vida haya sido injusta, pero eso no cambia quién eres. Leemos en las Escrituras, en el libro de Génesis, como un hombre llamado José sufrió todo tipo de injusticias y traiciones en su vida; pero nada de lo que ocurrió en su vida cambió quién era realmente él. José contaba con el favor de Dios, aun en medio de la cárcel y de toda clase de infortunios. Si tú no lo permites, nada de lo que te sucede en el exterior, tiene la capacidad de cambiar lo que eres en el interior. Tú decides si te vas a amargar o te vas a volver mejor tras la adversidad. No olvides que perteneces a la realeza por ser hijo del Rey que controla absolutamente todo el universo. Puede que la vida haya sido injusta, pero eso no cambia quién eres.

Ver Génesis 39:2-3

SEPTIEMBRE 7

Dios sabe cómo recompensarte. Hay cosas buenas que pasarán en tu vida que no las podrías haber hecho pasar por tu propia cuenta. El favor de Dios abrirá puertas, causará que las personas quieran ser buenas contigo, y te recompensará por cada situación injusta. Puede que alguna persona se haya ido de tu vida, hayas experimentado una pérdida dolorosa o te hayas encontrado en el valle de la exclusión. Lo cierto es que las bendiciones de Dios que vienen a tu vida te harán olvidar todo el dolor del pasado. Continúa anclado a la esperanza. Dios sabe cómo recompensarte.

SEPTIEMBRE 8

Cuando Dios te recompense, será más grande, será mejor y será más gratificante de lo que imaginaste. No son las personas quienes te recompensan, es la gracia divina quien lo hace. La gracia divina hace lo que tú no podrías hacer pasar por tu propia cuenta. Puede que una puerta se haya cerrado, pero la gracia divina te recompensará abriendo otra puerta donde estarás mucho mejor. Estás a punto de salir de la tierra de la injusticia y del menosprecio. No pienses que quedarás sin la recompensa por cada situación injusta que has atravesado y por cada vez que alguien más te dejo caer. Cuando Dios te recompense, será más grande, será mejor y será más gratificante de lo que imaginaste.

SEPTIEMBRE 9

Dios siempre tendrá a alguien preparado para ayudarte a llevar la carga. Te encuentras siempre bajo el cuidado divino. Cuando Jesús estaba llevando la cruz, hubo un momento donde colapsó por el peso de ella, y es donde las Escrituras relatan que alguien llamado Simón de Cirene que venía del campo, y pasaba por allí, le ayudo a llevar la pesada cruz. Aquí, entre muchas cosas, Dios lo que nos está mostrando es que no tienes que ser fuerte todo el tiempo. Que habrá ocasiones donde colapsarás por el peso de las situaciones. Sin embargo, siempre habrá alguien en el camino para ayudarte. El cielo nunca se quedará sin ángeles que ejecutarán los planes divinos y te ayudarán cuando más lo necesites. Dios siempre tendrá a alguien preparado para ayudarte a llevar la carga.

Ver Lucas 23:26

SEPTIEMBRE 10

Tú no has sido olvidado. En ocasiones sentimos como que nuestras oraciones tienen un techo y que aun Dios pareciera que no le importará por lo que estamos atravesando. Pero ese pensamiento está totalmente alejado de la realidad, del carácter de Dios. Él ha prometido nunca dejarte ni abandonarte. Son esos momentos, que aunque no nos damos cuenta, nos ayudan a crecer, madurar y a no depender de lo que sentimos, sino de la convicción de lo que sabemos. Tus emociones pueden que te griten que estás solo en esa situación, pero sigue escuchando el susurro de la fe. El hecho que nubes grises momentáneamente cubran el cielo no quiere decir que el sol no exista. Dios controla el universo. Tú no has sido olvidado.

Ver Isaías 41:10

~

SEPTIEMBRE 11

Tu vida será llena de risa y felicidad. Creo que Dios está respirando nueva vida en ti. Muchas veces Dios permite temporadas difíciles y de prueba antes de bendecirnos. Es muy probable que te haya tocado crecer en medio de faltantes o de situaciones de escasez en la niñez. O tal vez tus faltantes fueron emocionales o de afecto. No sé qué tipo de faltante tuviste, pero estoy seguro de que existieron. Sin embargo, quiero que sepas que Dios llenará todo vacío que pudiste haber experimentado. La nueva vida viene, un nuevo ánimo y las nuevas fuerzas vienen. Tu vida será llena de risa y felicidad.

SEPTIEMBRE 12

Dios respiró vida en ti. Hay un lugar para ti en la mesa del Rey. No eres un accidente. Tampoco eres del montón. Fuiste minuciosamente formado en el vientre de tu madre para una misión. Dios hace todas las cosas con un propósito, y si tú no tuvieras aún un propósito asignado a tu vida, no tuvieras la bendición de estar vivo. El hecho que todavía te encuentras en este lado de la eternidad, quiere decir que tu propósito sigue vivo y pujante como el primer día. Que las crisis y los desiertos no te hagan olvidar quién eres. Dios respiró vida en ti.

SEPTIEMBRE 13

Dios no se ha olvidado de ti. Él es un Dios de justicia. Puede que te encuentres lidiando con una enfermedad, una pérdida, o un obstáculo. Tal vez te sientes como que la vida te dejó caer, pero necesitas prepararte. Dios está a punto de levantarte. No solamente te llevará a un nuevo nivel, sino que te levantarás más fuerte y mejor. No sales igual de cómo entras a una tormenta. Han sido los momentos difíciles donde has sido formado. Pero es el tiempo de tu recompensa. Estás llegando al tiempo de restauración, abundancia, oportunidad y al tiempo de nuevos niveles. Dios no se ha olvidado de ti.

~

SEPTIEMBRE 14

Viene tu tiempo. La justicia viene. Serás recompensado por cada faltante. No vas a vivir con un déficit o un faltante toda tu vida. Él ha visto cada lágrima que has derramado, cada persona que te ha traicionado, cada injusticia y cada valle de sombra de muerte que te ha tocado atravesar en soledad. Puede que otros no sepan lo que has tenido que pasar, pero Dios sí sabe. Él no te va a dejar sin recompensa. No vas a terminar con números rojos, en soledad, decepcionado, o con desventaja. Todo eso es temporal. Viene tu tiempo.

~

SEPTIEMBRE 15

Dios pone atención a cada injusticia y a cada faltante en tu vida. Él guarda el récord de todo aquel que ha tratado de obstaculizarte, menospreciarte o hacerte ver pequeño. Él sabe quién habla tras tu espalda. No obstante, Dios está recopilando todos tus faltantes, porque está a punto de traer justicia y recompensarte. Lo que fue destinado para dañarte, es lo que será utilizado para elevarte. No tienes por qué tomar venganza por tu propia cuenta o tratar de pagar mal por mal. Toma el camino más elevado de no vengarte por tu propia cuenta y dejárselo todo a la justicia divina. Dios pone atención a cada injusticia y a cada faltante en tu vida.

SEPTIEMBRE 16

No saldrás con las manos vacías. Dios tiene la cuenta de todo lo que se te debe a ti y a tu familia. El pueblo escogido por Dios, los Israelitas, estuvo trabajando como esclavos bajo el régimen de Egipto por 430 años. Pero hubo un momento donde Dios trajo recompensa y le cambió el corazón de sus captores para que los liberarán, dándoles su oro, su plata, sus joyas y su ropa. Entonces el pueblo de Dios emprendió hacia la Tierra Prometida despojando a los que los habían tenido prisioneros por siglos. Puede que por años tuviste que pasar algún tipo de injusticia. Tal vez te has mantenido en fidelidad aun cuando has estado en medio de faltantes. Pero ten ánimo, porque el cielo tiene el recuento de todo lo que se te debe. Estás a punto de ser recompensado. No saldrás con las manos vacías.

Ver Éxodo 12:33-36

~

SEPTIEMBRE 17

Tu recompensa viene. Dios puede ver cada injusticia que has tenido que pasar y lo mantiene en su memoria a la hora de bendecirte. Él pone atención cada vez que alguien te ha traicionado, subestimado, o hecho a un costado. Cuando el ser humano te haga a un lado en menosprecio, Dios te abraza y te incluye en su familia. Dios da el pago y la recompensa por cada faltante que tú o tu familia hayan tenido. Él puede hacer el resto de tu vida tan gratificante y tan satisfactoria, que no pensarás más acerca de lo que no funcionó. El ser recompensado quiere decir que no estás viviendo más en un lugar de pérdida o faltante, siempre pensando cómo estás siendo escaso y cómo te encuentras en desventaja. ¡Prepárate! Lo mejor está por venir. Tu recompensa viene.

SEPTIEMBRE 18

Dios vio la herida, y Él siente tu dolor. El ser lastimado en el trayecto nos sucede a todos. Muchas de las heridas más grandes en los seres humanos vienen desde la niñez. Son en esos años más vulnerables donde nacen los primeros años de disfunción, negligencia o abandono. El problema de tener una herida sin sanar es que todo se mira a través del dolor de la herida. Un dolor no tratado hace que cambie radicalmente la manera en que te paras ante la vida o cómo le haces frente a las dificultades. Dios nunca ha estado ajeno a tu dolor ni se desentiende acerca de lo que has tenido que pasar. Y puede que te preguntes, dónde estaba Dios cuando el daño y la injusticia ocurrían. Él, como un Padre presente, estaba a tu lado también sintiendo tu dolor. Dios vio la herida, y Él siente tu dolor.

SEPTIEMBRE 19

Es tu actitud de fe la que hace que Dios te recompense por lo que se te debe. No puedes seguir sentando sintiendo lástima de ti mismo por lo que ocurrió, culpando a otros y viviendo en desánimo. Tu actitud dice mucho acerca de tu fe, y es la que hace toda la diferencia. Tu personalidad es algo que tú no decidiste tener, pero la actitud es algo que sí decides tener cada día. Una misma situación difícil les puede ocurrir a dos personas y ambas deciden reaccionar diferentes. Tal vez una decide tener una mala actitud y amargarse, pero la otra decide utilizar lo que ocurrió para volverse mejor. Puedes pasar el desierto quejándote o siendo agradecido. Muchas de las bendiciones en tu vida vienen después de mantener la actitud correcta. Cuando vengan molestias y obstáculos, recuerda que con tu actitud estás enviando un mensaje al cielo. Es tu actitud de fe la que hace que Dios te recompense por lo que se te debe.

SEPTIEMBRE 20

Dios no prometió que nunca te sucederían cosas injustas, pero sí prometió que Él te recompensaría por lo que se te debe. En las Escrituras puedes leer en el libro de Joel como Dios restituye a su pueblo después de años de pérdida y destrucción. En muchas ocasiones Dios permite pérdida, robo y destrucción para luego bendecirte. Muchas veces Él permite que el ejército venga hacia ti para luego mostrar su fidelidad. Dios ya tiene planeada la forma de bendecirte y restaurarte por los años donde sufriste pérdida y destrucción. Cada vez que te sientas tentado a preocuparte, agradece que la restauración viene, que la recompensa viene, que tus ojos verán la fidelidad divina una vez más. Dios no prometió que nunca te sucederían cosas injustas, pero sí prometió que Él te recompensaría por lo que se te debe.

Ver Joel 2:25-26

SEPTIEMBRE 21

Dios les otorga un favor especial a las personas con desventajas. Puede que te sientas como que otros tienen toda la personalidad, todo el talento, todos los dones, o toda la actitud ganadora. Pero no te preocupes. Tu tiempo viene. Dios sabe cómo darte ventajas para que sobresalgas. Tú no vas a vivir siempre bajo la sombra de alguien más talentoso, o más exitoso. Dios va a causar que brilles. Todo lo que necesitas ya fue puesto en el vientre de tu madre. Si necesitaras la personalidad de otro, los talentos de otros o la apariencia de otro, entonces se te hubiesen dado. Si no tienes algo que ves en otra persona, es porque no lo necesitas. Lo que sí necesitas es el favor del cielo. Eres bendecido a causa de los faltantes y las desventajas que has tenido desde tu niñez. Dios les otorga un favor especial a las personas con desventajas.

～

SEPTIEMBRE 22

Alguien te pudo haber dejado caer, pero mantente en paz. Dios está a punto de recompensarte. Él conoce tus faltantes y las injusticias que tal vez hayas sufrido por alguien más. Dios nunca hará que salgas de una situación de abuso y esclavitud igual. Él hará que el enemigo pague por lo robado y por lo injusto. Él hará que salgas mejor en todos sentidos. No te preocupes por quién trata de menospreciarte y hacerte quedar mal, porque tienes quien te defienda. Dios quien ve cada injusticia hecha a los suyos es quien te recompensa extraordinariamente. Aunque alguien te haya dejado caer y eso te haya afectado por años. No te quedarás en números rojos ni con faltantes. Alguien te pudo haber dejado caer, pero mantente en paz. Dios está a punto de recompensarte.

～

SEPTIEMBRE 23

Dios hará que te vean con una nueva luz. Él va a hacer que reconozcan sus bendiciones en tu vida, al punto que te traten con el respeto y la honra que mereces. El favor de Dios es lo que hace toda la diferencia. Él puede cambiar hasta los corazones duros de tus enemigos para mostrar su poder. Así como Él cambió el corazón del faraón y de los egipcios al dejar ir a los israelitas, quienes estuvieron cuatrocientos treinta años bajo la esclavitud. Así Él puede darte el favor con quienes han tratado de obstaculizarte para que sepan que tienes el respaldo divino. Dios hará que te vean con una nueva luz. Él va a hacer que reconozcan sus bendiciones en tu vida, al punto que te traten con el respeto y la honra que mereces.

Ver Éxodo 12:35

~

SEPTIEMBRE 24

Cuando honras a Dios, hasta tus enemigos un día terminarán dándote la mano. Las Escrituras dicen, en el libro de Proverbios, que cuando los caminos de alguien son agradables a Dios, hasta a sus enemigos hace estar en paz con él. Eso no significa más que la bendición divina sobre tu vida. Puede que tome meses, o tal vez años. Pero los que un día te menospreciaron, te hicieron a un costado, o te trataron de obstaculizar, vendrán a pedir lo que tú tienes. No te enojes cuando alguien te menosprecie, porque es Dios quien te recompensa y aderezará mesa de banquete delante de tus angustiadores. Cuando honras a Dios, hasta tus enemigos un día terminarán dándote la mano.

Ver Proverbios 16:7

~

SEPTIEMBRE 25

No te preocupes. Dios es tu reivindicador. La traición es parte de la vida. No es si te sucede, sino cuando te suceda. La traición es de esas materias que todos, de una forma u otra, tenemos que atravesar. Dios permitió aun a su propio Hijo pasar traición y negación de parte de los que estaban cerca de Él. El tipo de traición que más duele es cuando viene de aquellos a quienes más amas y sobre quienes más has depositado tu confianza. Continúa honrando y haciendo lo correcto. No te defiendas y no tomes venganza ni pagues mal por mal. El daño que fue destinado hacia tu vida, será utilizado para llevarte por la vía rápida hacia el genuino propósito de tu vida. Verás cómo hasta tus enemigos terminarán viéndote con una luz. No te preocupes. Dios es tu reivindicador.

SEPTIEMBRE 26

Continúa tomando el camino alto, y haciendo lo correcto; y un día tus enemigos necesitarán lo que tienes. No es lo que te sucede, sino cómo reaccionas a ello. Sé que has tenido múltiples ocasiones en que has podido vengarte de los que representan tus enemigos, pero has decidido no hacerlo. Eso es tomar el camino alto y dejar que Dios decida el pago que les dará a tus enemigos. No nos corresponde tomar venganza con nuestras propias manos. El renunciar a la venganza también es confiar en Dios. Los que se te han enfrentado y subestimado por años, vendrán a pedirte lo que tú tienes. Dios es tu recompensa y quien te da el pago por lo que se te debe. Continúa tomando el camino alto, y haciendo lo correcto; y un día tus enemigos necesitarán lo que tienes.

SEPTIEMBRE 27

Tu tiempo viene. Cuando las personas vienen a decir cosas que no son ciertas, es fácil frustrarse y tratar de tomar venganza por nuestra propia cuenta. El reaccionar pagando mal por mal es el camino fácil de tomar. Pero para tomar el camino más alto, más elevado, se requiere no permitir vengarte de quien te ha hecho daño cuando podrías hacerlo. Leemos en las Escrituras que el rey David un día tuvo a su archienemigo, llamado Saúl, a su disposición para matarlo. Pero al contrario, David tomó el camino más alto y solo le cortó con su espada el borde del manto a Saúl, mientras pudo haber usado esa misma espada en ese momento para matarlo. Toma el camino más alto, aunque no sea fácil. El tiempo del desierto está terminando para entrar a un tiempo de bendición donde olvidarás los años de dificultad. Tu tiempo viene.

Ver 1 Samuel 24:3-5

SEPTIEMBRE 28

Dios va a abrir nuevas puertas de oportunidades. Él abre puertas y también cierra puertas con propósito. Una puerta que se cierra significa que tu tiempo en ese lugar ha terminado. Una puerta que se cierra también significa que serás redireccionado a la puerta correcta para esa determinada temporada. La vida se compone de estaciones, ciclos y etapas. No te adueñes de temporadas que están destinadas a pasar. No siempre uno se encontrará en una eterna primavera, porque hay que saber que también el invierno viene. Sé que el camino de fe que se requiere después de que una puerta se cierra es desafiante y se requiere que te tomes de la fe en tu Dios con todas tus fuerzas. Tu fe se fortalece cuando aceptas y entiendes que Dios tiene el total control y que él dispone de cada temporada en tu vida. ¡Cobra ánimo! Dios va a abrir nuevas puertas de oportunidades.

SEPTIEMBRE 29

Dios está dirigiendo tus pasos, aunque no puedas ver más adelante. Es fácil tener fe en el comienzo de algo; cuando estamos empezando ese emprendimiento, o cuando estamos llenos de buenas noticias. También es fácil tener fe al final. Porque podemos ver con nuestros ojos físicos la promesa, y estamos extasiados de gozo por ello. Lo difícil es tener fe en la mitad del camino. En ese punto del trayecto donde no hay retorno. Cuando te encuentras en el medio del desierto, y ya sea que veas para atrás o para adelante, no alcanzas a ver nada. Es allí donde aprendemos a confiar. ¡Ten paz! Estás siendo guiado, aunque no haya señales visibles de la promesa. Dios está dirigiendo tus pasos, aunque no puedas ver más adelante.

~

SEPTIEMBRE 30

Dios aún se encuentra en su trono. Las tormentas son parte de la vida. Dios nunca nos prometió alcanzar nuestro destino sin oposición, sin decepciones, sin pasar cosas que no entendemos. Las Escrituras dicen que no nos sorprendamos por el fuego de la prueba, queriéndonos decir que las crisis y las pruebas son parte de la vida. No te empieces a preocupar si tu negocio está despacio. No te llenes de ansiedad por ese hijo que parece estar tomando el camino equivocado. Tengas fe o no, las tormentas vienen y amenazan con hacerte naufragar. Sin embargo, nada de lo que te ha pasado ha detenido el plan de Dios para tu vida. ¡Confía! Dios aún se encuentra en su trono.

Ver 1 Pedro 4:12-13

OCTUBRE

"Pero sin fe es imposible agradar a Dios; porque es necesario que el que se acerca a Dios crea que le hay, y que es galardonador de los que le buscan."

— Hebreos 11:6

OCTUBRE 1

Lo que Dios te prometió, él aún tiene toda la intención de hacerlo pasar. Las Escrituras dicen que sin fe es imposible agradar a Dios. Por la misma razón es que no recibimos el mapa completo hacia donde nos dirigimos. Porque el camino es por fe, no por vista. Solamente se nos permite ver el próximo paso y siempre se tratará de seguir confiando. En la vida de todos, siempre habrá un área o áreas de nuestra vida que no están del todo perfectas, o están desordenadas, o están inconclusas. Dios permite que, debido a esas áreas aún inconclusas, seamos obligados a siempre depender de su misericordia. No importa lo que puedas estar pasando, los planes de bien siguen estando vigentes para contigo, a pesar de la oposición y hasta por encima de tus debilidades. Lo que Dios te prometió, él aún tiene toda la intención de hacerlo pasar.

Ver Hebreos 11:6

~

OCTUBRE 2

Dios no nos da todos los detalles. En ocasiones puede que podamos saber el plan final, la promesa, pero no se nos dice acerca del camino de fe del medio del trayecto. Es fácil confiar cuando todo va bien, pero qué tal confiar cuando todo es oscuridad, crisis y tormenta. Al pueblo de Dios, al ser liberados de la esclavitud que tenían en Egipto, se les prometió una Tierra Prometida de abundancia y prosperidad, pero no sabían acerca de la dureza del trayecto del desierto. La fe en el medio es la que es requerida para llegar con éxito a la promesa. Todos nos enamoramos del glamour de una promesa cumplida, pero olvidamos el precio de la fe requerida en el medio del camino. ¡Sin embargo, confía! Porque aunque no puedas ver nada, aún estás siendo guiado por todo el trayecto. Dios no nos da todos los detalles.

Ver Éxodo 33:6

OCTUBRE 3

¿T pena? Sé que en múltiples ocasiones has sido e vas a rendir, convencido de que no vale la tentado a tirar todo por la borda y no seguir más. Han sido tan fuertes las crisis y las luchas internas que has tenido que pasar que has querido de una vez claudicar y no saber más acerca de tener fe. Pero no olvides algo importante: tú fuiste formado en el vientre de tu madre para que cumplas una misión, no para quedarte a mitad del camino. Lo siento, pero rendirte no es una opción con la que cuentas. No te rindas, no te entregues, no bajes los brazos. Porque cuando más oscura está la noche, más cerca está el amanecer. No te quedarás a mitad del camino ni inconcluso. Si has sido un sobreviviente y has llegado hasta aquí, es porque los planes de bien siguen vigentes para contigo. ¿Te vas a rendir, convencido de que no vale la pena?

~

OCTUBRE 4

No te rindas cuando la vida no tenga sentido. No te desalientes a la mitad del camino. Hay cosas y situaciones que nunca sabrás por qué suceden como suceden. Hay preguntas que no podrán ser respondidas de este lado de la eternidad. La vida te da una buena dosis de injusticias y de cosas que no esperas que sucedan. Sin embargo, se trata de confiar cuando no puedas ver más allá del camino y cuando te sucedan cosas que no entiendes. Confiar con los ojos de la fe cuando los ojos naturales a claras luces te dicen lo contrario. Aunque el miedo te grite para amedrentarte, continúa escuchando el susurro de la fe. No te rindas cuando la vida no tenga sentido.

OCTUBRE 5

En un sentido, todos estamos a mitad del camino hacia una promesa; todos estamos en un trayecto. Cuando te suceden cosas que no entiendes, debido a lo tumultuoso de las emociones, llegas erróneamente a pensar que nada más tú estás pasando por situaciones incongruentes. Tal vez te llegue el pensamiento de que otros están viviendo una vida a la cual nunca te ha llegado la invitación a vivir. Pero lo cierto es que Dios, a todos, nos permite pasar materias de acuerdo con lo que necesitamos crecer, madurar y aprender. Puede que tus materias sean diferentes a las de tus hermanos, amigos, padres y compañeros de trabajo. Pero no dudes que cada uno estamos atravesando situaciones adonde nos toca confiar y estamos de alguna manera también en el medio. Dios lo permite así para que todos siempre dependamos de su misericordia. En un sentido todos estamos a mitad del camino hacia una promesa; todos estamos en un trayecto.

~

OCTUBRE 6

Dios te tiene leyendo esto para soplar vida a tus sueños. Tal vez has olvidado ese sueño de niño porque llegaste a pensar que era tonto ni siquiera atreverte a llegar a tener sueños grandes. Tal vez la rutina, las crisis y las responsabilidades han ahogado la llama de fuego en tus ojos cuando pensabas en ese sueño que nunca se ha ido de ti a pesar de los años. Si Dios no se ha olvidado de tus sueños, tú tampoco deberías hacerlo. Solo tienes una vida para hacer eso para lo que naciste. Si un sueño fue puesto en ti desde la niñez, no es casualidad; eso también tiene que ver con el cumplimiento de tu destino. ¡Prepárate! Porque ha llegado el tiempo de que tus sueños sean resucitados. Dios te tiene leyendo esto para soplar vida a tus sueños.

OCTUBRE 7

Tener fe a la mitad del camino es parte del proceso. Cuando estudias a los héroes de la fe en las Escrituras, un común denominador que encontrarás es que todos tuvieron fe en el medio del trayecto. Todos comprendían que el que su fe fuera probada era parte del cumplimiento de la promesa. Es fácil tener fe al comenzar algo, lo difícil es tenerla cuando ya has avanzado un buen tramo y solo puedes ver dunas de desierto. A todos se nos requiere tener fe a la mitad del camino, que es cuando más cuesta tenerla. Sin embargo, puedes confiar en que Dios, quien te ha dado las promesas, es fiel en cumplirlas. Tú no naciste ni fuiste creado para quedarte a mitad del camino. Confía en que, aunque no veas nada, todo se está desarrollando de acorde al plan divino. Tener fe a la mitad del camino es parte del proceso.

OCTUBRE 8

Muchas veces Dios deja fuera ciertos detalles del trayecto con propósito. El camino que Dios nos pide a todos es un camino de fe, no por vista. Es fácil creer en algo cuando lo puedes ver con tus ojos físicos, pero se requiere fe para creer en algo que no puedes ver. Las Escrituras dicen que sin fe es imposible agradar a Dios. Así que por difícil que se sienta, cuando estás caminando por fe, en realidad estás agradando a Dios con tu decisión de seguir creyendo y no darte por vencido. Hay una razón por la cual Dios no te hace saber todo lo que te encontrarás en el camino, pero confía en que todo se está desarrollando de acorde a los planes de bien para contigo. Muchas veces Dios deja fuera ciertos detalles del trayecto con propósito.

Ver Hebreos 11:6

~

OCTUBRE 9

Estás pasando hacia el otro lado del desierto. Cuando Dios trajo a su pueblo fuera de la esclavitud de Egipto, ellos se dirigieron hacia la Tierra Prometida. Dios les mostró el destino final, que era una tierra donde fluía leche y miel en abundancia. Lo que ellos no sabían era lo difícil que iba a ser seguir creyendo en el desierto. Sin embargo, Dios nunca los abandonó y les mostró sus bendiciones y su provisión sobrenatural. Igualmente contigo, puedes decir cualquier cosa, menos que no has visto la mano de Dios en tu vida en múltiples ocasiones. Eso es Dios diciéndote: "Yo nunca te abandonaré en medio del camino y te mostraré mi provisión." Estás pasando hacia el otro lado del desierto.

OCTUBRE 10

Hay una razón del por la cual no tenemos todos los detalles. Es fácil enamorarse del glamour de una promesa cumplida, pero olvidamos el tramo difícil de la tierra intermedia. Si conociéramos todos los detalles de cuando pedimos o anhelamos algo, y supiéramos el precio de fe que se paga para llegar allí, entonces nos conformaríamos con lo bueno, en lugar de ir por lo mejor. Y es que a nadie le gusta la adversidad. Nadie hace fiesta al saber los valles de sombra de muerte que tiene que atravesar antes de alcanzar el pico de la montaña. A todos nos gusta la comodidad. Pero no te convertirás para lo que fuiste creado sin oposición, desafíos y dificultades que causarán que estires tu fe, crezcas y uses tus músculos espirituales. Confía, aunque no sepas todos los detalles y te toque caminar por fe en la incertidumbre. Dios sabe lo que está haciendo en tu vida. Hay una razón del por la cual no tenemos todos los detalles.

∾

OCTUBRE 11

Tu desierto es temporal. Estás pasando hacia el otro lado. Una de las características de los desiertos es que tienen fecha de caducidad. Los desiertos no duran para siempre. No creas la mentira de que siempre estarás en lo que representa tu desierto personal y privado. Creyendo esas mentiras de que siempre estarás en crisis y en todo tipo de problemas familiares o relacionales. Sí, es cierto que todos atravesamos desiertos, pero no hay que pensar que serán constantes y que nunca terminarán. Nadie hace maletas en una estación de tren sabiendo que se dirige hacia otro lado. Cuando te encuentres en el medio, necesitas recordarte a ti mismo que eso también pasará. Tu desierto es temporal.

~

OCTUBRE 12

La dificultad no es permanente. Todo pasa y viene la siguiente temporada. Deja de malgastar tiempo estando preocupado por esa situación en tu trabajo, estando molesto por ese reporte médico, o estar frustrado por esa persona que te hizo mal. No malgastes tanta energía en algo que no va a durar. Puede que en el presente ciertas situaciones las veas como algo demasiado trágico como para ignorarlo y que requiere que te preocupes, pero es que tal vez has olvidado que la crisis es temporal y está a punto de pasar. Lo que hace diez años te preocupaba mucho y te quitaba el sueño, ahora ya ni lo recuerdas. Y es porque todo pasa, tanto los buenos momentos, como los malos momentos. La dificultad no es permanente.

$\sim$

OCTUBRE 13

Continúa avanzando hacia delante. No te detengas, y menos en cosas temporales. Dice en las Escrituras que Pablo, quien fue el mayor expositor del evangelio, escribió que él se olvidaba de lo que había quedado atrás y se extendía hacia lo que estaba adelante, prosiguiéndose a la meta. Pablo sabía que para cumplir su misión tenía que dejar de malgastar energía en el pasado y enfocarse en lo que tenía por delante. Entre más te entretengas viendo hacia atrás, menos avanzas hacia delante. Si las temporadas del pasado fueron buenas o malas, ya no requieren de tu atención ni mental ni emocional. Se trata de que prosigas hacia la meta y no te detengas. Continúa avanzando hacia delante.

Ver Filipenses 3:13-14

OCTUBRE 14

El valle no es tu hogar. En las Escrituras, los valles son un símbolo de dificultades, problemas, sufrimiento y dolor. Representan temporadas de oscuridad y confusión. Sé que has pasado varias temporadas que representan valles en tu vida. Sin embargo, leemos en las Escrituras que el rey David escribió que los valles son temporales. Él lo dijo de la siguiente manera: "Aunque pase por el valle de sombra de muerte". Él no dijo, "Aunque me quede en el valle, aunque haga campamento en el valle, aunque construya mi casa en el valle." De hecho, lo que David está realmente diciendo es: "El valle no es mi hogar. Yo no me desanimo porque las cosas vengan en mi contra y la vida no sea justa o cuando las cosas tardan en cumplirse." Es cierto que las temporadas difíciles son parte del trayecto, pero están destinadas a pasar. El valle no es tu hogar.

Ver Salmos 23:4

~

OCTUBRE 15

Tú no estás desarrollando el plan de tu vida por ti mismo. En el Salmo 138 dice, "El Señor cumplirá su propósito en mí." No dice que tenemos que hacer cumplir el plan por nuestra propia cuenta, hacer que las cosas sucedan con nuestra propia fuerza solamente, y estar frustrados cuando las cosas no están pasando de la manera en que deberían. Podemos estar en paz, sabiendo que el Señor, el Dios que creó el universo, el Dios que creó de la nada los planetas, ha prometido que hará cumplir sus planes para nuestra vida. Es cierto que tu esfuerzo y la perseverancia no los podemos quitar de la ecuación, pero no es solamente tu esfuerzo. Es Dios detrás de escena sobrenaturalmente haciéndolo todo para que los planes de bien se cumplan a cabalidad para contigo. Tú no estás desarrollando el plan de tu vida por ti mismo.

Ver Salmos 138:8

OCTUBRE 16

Cuando Dios respiró vida en ti, Él te equipó con todo lo que necesitas. Fuiste formado en el vientre de tu madre para un propósito y para una misión que cumplir en esta tierra. Los dones, los talentos y las capacidades ya fueron puestos en ti y se van desarrollando a medida que sigues caminando en fe y te rehúsas a rendirte. Si no tienes un determinado talento o capacidad, es porque no lo necesitas. No necesitas lo que otro tiene para cumplir tu misión. Fuiste bendecido para ser tú mismo. Tu única competencia es con tu antigua versión de ti mismo. Tu destino se desarrolla cuando decides no ser la copia de alguien más y esforzarte por mejorar la mejor versión dentro de tu propio molde. Ya tienes en ti todo lo que necesitas para cumplir el genuino propósito de tu vida. Cuando Dios respiró vida en ti, Él te equipó con todo lo que necesitas.

OCTUBRE 17

De lo que piensas que no tienes suficiente, el favor de Dios te lo suplirá a manos llenas. Puede que siempre te has considerado que tienes alguna insuficiencia o desventaja. Puede que hasta hayas llegado a pensar que no tienes lo que hace falta y a otras personas se les ha dado más que a ti en alguna área y eso te ha hecho sentir inseguro. Pero en realidad, si no se te fueron dados los talentos que otros tienen, es porque no los necesitas para cumplir tu misión en esta tierra. Es Dios el que siempre vendrá a suplir y a llenar cada faltante que consideres tener. Él siempre viene a llenar cada faltante de los que ama. De lo que piensas que no tienes suficiente, el favor de Dios te lo suplirá a manos llenas.

~

OCTUBRE 18

La buena noticia es que nunca caminas por tu propia cuenta. Puede que haya habido muchos momentos donde te has sentido solo. ¿Qué tal de las veces que te has sentido pararte en soledad contra el mundo? En las Escrituras puedes leer la vez en que Jesús les decía a sus discípulos que la hora se acercaba en que ellos iban a hacer esparcidos y que lo dejarían solo. Pero terminó la frase diciéndoles que no estaba solo, porque su Padre estaba con él. Jesús tenía una fe inamovible de que Dios, su Padre, estaba siempre con él todo tiempo. En tu caso, es igual. No importa que tan solo parezca que te encuentras en el exterior; es tu fe la que te da la convicción en tu interior que no lo estás. Aunque te sientas incomprendido en el presente y sin apoyo. La buena noticia es que nunca caminas por tu propia cuenta.

Ver Juan 16:32

～

OCTUBRE 19

Puede que te encuentres enfrentando obstáculos que parecen insuperables, pero Dios tiene la última palabra. Hay obstáculos que lucen como gigantes frente a ti. No hay posibilidad de que puedas derribarlo a menos que lo hagas en el nombre del Señor, tu Dios. Podemos leer en las Escrituras cómo David, al enfrentarse con el gigante Goliat, declaró que iba a enfrentarlo en el nombre de su Dios, quien lo había entrenado en fe cuando defendía a las ovejas de su padre de osos y leones. Tal vez te has subestimado a ti mismo, pero tú has sido entrenado para derribar gigantes. No ha sido en vano el entrenamiento. Ni los obstáculos en forma de gigantes, ni los valles de sombra de muerte, ni las traiciones tienen la última palabra. Puede que te encuentres enfrentando obstáculos que parecen insuperables, pero Dios tiene la última palabra.

Ver 1 Samuel 17:45

~

OCTUBRE 20

Esa dificultad tiene fecha de expiración. En muchas ocasiones enfrentamos cosas que parecen permanentes. Y la verdad, se puede volver permanente si decides no tomarte de tu fe y rendirte. Pero si te mantienes en fe, tanto las pruebas como los desiertos tienen fecha de expiración. Los días de dificultad son temporales. En su momento, cuando enfrentamos adversidad, por estar inmersos en medio del tumulto de nuestras emociones, tendemos a pensar que una situación va a durar toda la vida. Ninguna de las cosas que has atravesado le ha tomado por sorpresa a Dios. Ese problema legal o esa situación financiera no le tomó por sorpresa a Dios. Así como hay un día en que la dificultad viene, así Dios tiene el día de la liberación, el día de la sanidad, el día de la abundancia, el día en que pasarás al otro lado. Esa dificultad tiene fecha de expiración.

OCTUBRE 21

Cuando tienes fe en la tierra intermedia, Dios hará cosas que tú no podrías hacer pasar por tu propia cuenta. La tierra intermedia tipifica ese desierto a la mitad del camino, donde no alcanzas a ver más allá y te toca aprender a confiar. Puede que ahora te encuentres en alguna dificultad, con tu salud, con tus finanzas, con tu mente. Es fácil conformarse con ello y pensar, "Esto nunca va a cambiar. Nunca seré libre. Siempre estaré deprimido. Siempre batallaré con mis finanzas." Pero lo que no sabes aún, es que el día de tu liberación de lo que has estado enfrentando, ya está estipulado por el Señor, tu Dios. No has sido desechado ni hecho a un costado. Todavía hay un plan de bien activo para tu vida. Puede que tengas un límite con tus fuerzas, pero ahora vienen sobre ti las fuerzas del Altísimo para capacitarte para lo que hasta hoy has visto como imposible. Cuando tienes fe en la tierra intermedia, Dios hará cosas que tú no podrías hacer pasar por tu propia cuenta.

～

OCTUBRE 22

Dios sabe que las tormentas no pueden detener que alcances tu destino. Las tormentas son parte de la vida. Los fuertes vientos azotan en momentos de crisis a todos por igual. En las Escrituras leemos una parábola donde Jesús explica acerca de lo que significa que alguien construya su casa sobre la arena y lo que significa que alguien la construya sobre la roca. La tormenta viene hacia ambas personas por igual. A cada uno le vienen tormentas financieras, tormentas familiares, tormentas en el matrimonio, o tormentas que vienen a tratar de destruir lo construido. Sé que en tu caminar has atravesado varias tormentas que han llegado sin previo aviso. Ha sido tu fe construida sobre la roca, lo que te ha hecho resistir. Dios sabe que las tormentas no pueden detener que alcances tu destino.

Ver Mateo 7:24-29

OCTUBRE 23

Cuando Dios pone una promesa en tu corazón, cuando Él declara sobre tu destino, Él no es movido por los fuertes vientos. Dios conoce el final desde el principio. Cuando Él te da una promesa, ya sabe de antemano los desafíos que enfrentarás y las tormentas que te azotarán en el trayecto. No tendría sentido enviarte a hacer algo sabiendo que serás obstaculizado a mitad del camino. Dentro del camino de fe que te manda a transitar, ya vienen incluidos y considerados los fuertes vientos que vendrán sin previo aviso, porque son parte del trayecto. Pero vengo a decirte que pasarás al otro lado. Dios no te dejará, hasta que haya hecho contigo, lo que dijo que haría. Cuando Dios pone una promesa en tu corazón, cuando Él declara sobre tu destino, Él no es movido por los fuertes vientos.

OCTUBRE 24

Dios sabe que puedes manejarlo. En las Escrituras leemos la vez en que los discípulos estaban en una pequeña embarcación cuando una tormenta vino de repente y amenazaba con hundirlos mientras Jesús se encontraba dormido en la barca. Asustados, los discípulos lo despertaron para avisarle que se hundían. Y fue cuando Jesús se levantó y reprendió a los fuertes vientos al sonido de su voz. Dios controla el universo y sabía de antemano lo que iba a ocurrir. Lo que sucedió no fue que Jesús quería ignorar por lo que estaban pasando. Él se mantuvo dormido sin preocuparse, porque sabía que ellos podían manejarlo y también sabía que la tormenta no los iba a detener de pasar al otro lado. Cualquier cosa que tipifique una tormenta en tu vida, ya tienes lo que hace falta para atravesarla. Dios sabe que puedes manejarlo.

Ver Lucas 8:22-25

OCTUBRE 25

Dios no permite una adversidad en tu vida si sabe que eso va a detener tu destino. Las tormentas son permitidas en tu vida porque son parte del trayecto. Aun así Dios te dirija por determinado camino; siempre habrá pronósticos de tormentas en el camino. Las Escrituras dicen que no debemos de extrañarnos cuando enfrentemos el fuego de la prueba. Lo que la palabra de Dios nos está diciendo es que es normal pasar momentos de crisis en la vida de todo ser humano. Es como que te extrañes porque venga el invierno o te sorprendas cada día porque la oscuridad de la noche cae. Sin embargo, tienes la promesa de que Dios nunca te dejará y que siempre te sostendrá con su diestra victoriosa. No hay tormenta que tenga la capacidad de detener los planes divinos para contigo. Dios no permite una adversidad en tu vida si sabe que eso va a detener tu destino.

Ver 1 Pedro 4:12

OCTUBRE 26

Cuando te mantienes en calma a pesar de lo que venga en tu contra, eso es una señal de madurez. Cuando no pierdes el sueño en medio de la tormenta, es un indicativo de que confías en Dios y que has desarrollado fe en el medio de la adversidad. Ocurrió lo contrario, cuando las Escrituras nos relatan cómo los discípulos morían de temor al ver que los fuertes vientos azotaban la pequeña embarcación donde se encontraban mientras Jesús dormía sin preocuparse por lo que pasaba en el exterior. Es normal perder la calma en ciertos momentos y más cuando lo que estamos experimentando en el exterior es presión, adversidad, oposición y vientos en contra. Sin embargo, poco a poco tu fe se fortalece, cuando la adversidad no te llena de ansiedad. Cuando te mantienes en calma a pesar de lo que venga en tu contra, eso es una señal de madurez.

Ver Mateo 8:26

OCTUBRE 27

No te desanimes por el proceso. Los desiertos tipifican muchas cosas en la vida de cada uno, pero también simbolizan procesos. Antes de llegar hacia donde Dios quiere llevarte, eso requerirá un proceso. Porque es en estos momentos de entrenamiento donde se construye nuestro carácter. ¿Cómo aprendes a ser resiliente si no has experimentado situaciones que te tiran al piso? ¿De qué manera desarrollas la capacidad de ser un piloto de tormentas si nunca has pasado por una? ¿Cómo desarrollarás fuerza interior sin resistencia exterior? Son los procesos los que te enseñan todo esto. Los procesos nunca son permitidos para detenerte, sino para fortalecerte. Si rechazas el proceso del desierto, estás al mismo tiempo rechazando la abundancia de la Tierra Prometida. En lugar de pedir que Dios detenga el proceso, ¿por qué no pedir el aprender sabiduría y las lecciones que eso te ha venido a enseñar lo más pronto posible? Estás en entrenamiento. No te desanimes por el proceso.

OCTUBRE 28

Tú tienes la fuerza más poderosa del universo de tu lado. No tienes nada de que temer. En las Escrituras vemos que aparecen las palabras, y sus variantes: "¡No temas!" treinta y cinco veces. ¡Exacto! Una para cada día del año. Es porque Dios quiere que vivas sin temor al futuro, ya que tu Padre en los cielos tiene cuidado de ti. Es en el momento en que atravesamos crisis donde reforzamos nuestra fe y creemos en esta palabra acerca de no temer. Cuando enfrentes oposición, recuerda no temer. Cuando te encuentres en medio de la tormenta, recuerda de no tener miedo. Cuando enfrentes amenazadores gigantes, recuerda no temer. ¡Confía! Tú tienes la fuerza más poderosa del universo de tu lado.

Ver Isaías 41:10

OCTUBRE 29

Continúa avanzando. Dios tiene el control. Una de las materias que todos tenemos que atravesar es la de seguir confiando en medio de la incertidumbre. Es en esos momentos cuando llegas a un punto donde no sabes si detenerte o avanzar. Las cosas han estado confusas y los indicativos externos que solamente puedes ver son los que te dicen que no vale la pena continuar. Pero lo que no te has dado cuenta, es el trabajo que Dios ha estado haciendo detrás de escenas. No lo puedes ver desde el exterior, pero Dios ha estado ajustando y allanando los caminos por los cuales estás a punto de transitar. No es el momento de detenerte, ni de claudicar, aunque exteriormente tenga sentido hacerlo. Más adelante todo hará sentido. Continúa avanzando. Dios está en control.

OCTUBRE 30

Solamente haz lo que mejor que puedas y deja que Dios se ocupe del resto. Tú pones lo natural, y Él pone lo sobrenatural. De muy pocas cosas tenemos los seres humanos realmente el control. Tenemos el control de nuestra actitud, pero no de cómo otras personas se comportan. Tenemos el control de nuestro esfuerzo, pero no de los resultados. Tu parte es nada más dar tu mayor esfuerzo y ser lo mejor que puedas ser. Solamente puedes hacer lo humanamente posible, pero lo demás no está en tus manos. Al final del día, los resultados siempre dependerán de la voluntad del Altísimo. Una buena parte acerca de confiar en Dios es determinarse a aceptar lo que él finalmente decidirá acerca de los resultados de nuestros esfuerzos. Haz tu parte con diligencia y esmero. Solamente haz lo que mejor que puedas y deja que Dios se ocupe del resto.

OCTUBRE 31

Ahorita Dios está trabajando en su plan para tu vida. Las Escrituras dicen que hay un plan de bien para tu vida para darte un futuro y una esperanza. Dios no aborta planes. Él no se echa para atrás por la economía, por la oposición, o por los aparentes obstáculos. No te desanimes por el proceso. Ni siquiera tus faltas y debilidades cancelan tu destino. Dios te tiene en el hueco de su mano. Fuiste escogido a pesar de todas tus equivocaciones. Puede que te encuentres en medio del horno de fuego, pero es temporal. La fuerza más grande del universo está trabajando a tu favor. Aunque no lo puedas ver, aunque las circunstancias externas indiquen lo contrario o aunque el avance no sea perceptible a tus ojos físicos. Confía en cómo se está desarrollando todo en tu vida. Ahorita Dios está trabajando en su plan para tu vida.

Ver Jeremías 29:11

NOVIEMBRE

"Volveos a la fortaleza, oh prisioneros de esperanza;
hoy también os anuncio que os restauraré el doble."

— *Zacarías 9:12*

NOVIEMBRE 1

Estás anclado a la esperanza. Un ancla es usualmente un instrumento de hierro que está atado a un barco o a un bote por una cadena para mantener la embarcación en un lugar en particular. Una vez el capitán llega a su destino, él baja el ancla. De esta manera, la embarcación no se moverá y no será arrastrada a cualquier otro sitio. Las Escrituras nos dicen que la esperanza es un ancla para el alma. Lo que hace que tu alma se mantenga en el lugar correcto, lo que hace que sobrepases desafíos y que alcances tus sueños, es estar anclado a la esperanza. Eso significa que no importa lo que enfrentes, que tan grande sea el obstáculo, o cuánto tiempo tarde, tú sabes que Dios sigue estando en el trono. Estás anclado a la esperanza.

Ver Hebreos 6:17-20

NOVIEMBRE 2

Cuando estás anclado a la esperanza, nada puede moverte. Es cuando sabes que los planes de Dios para ti son planes de bien, que Él es más grande que todo obstáculo y que su favor te está rodeando. No eres movido por los vientos, las olas y las oscuras tormentas de la vida pueden venir, pero no estás preocupado. El saber que te encuentras anclado a algo seguro te da seguridad. Las Escrituras nos dicen que la esperanza no defrauda. Esto quiere decir que puedes confiar en que tu alma no se moverá del sitio donde representa firmeza, seguridad, confianza y solidez. Cuando estás anclado a la esperanza, nada puede moverte.

Ver Romanos 5:5

NOVIEMBRE 3

Todo va a estar bien. Dios sacará la belleza de las cenizas. Solamente Él puede soplar vida a algo que ha estado muerto y crear cosas de la nada. En muchas ocasiones, Dios permite que algo muera o que no haya posibilidad de restauración, para luego intervenir. ¿Te preguntarás el por qué a veces Dios permite que algo muera o espera hasta el último momento para hacer algo? Es para que no quepa duda de que su mano divina está en el asunto y para también mostrarte que Él es el Dios de lo imposible; el Dios que tiene capacidad de sacar belleza de las cenizas y restaurar lo que el hombre ya ha desechado. Todo va a estar bien. Dios sacará la belleza de las cenizas.

NOVIEMBRE 4

Estás anclado a la esperanza. Sin importar lo que hayas enfrentado, has decidido no rendirte y seguir caminando. Si has recibido un mal reporte médico, lo cual es devastador para la mayoría de las personas, pero no para ti. Tú eres de los que ha aprendido a hacerle frente a lo que sea que te salga al encuentro. Hay algo que es difícil de explicar que te hace tener la convicción de que todo va a estar bien y que Dios sacará belleza de las cenizas. Eso es el ancla de la esperanza. La mayoría de las personas ya se hubiesen rendido si hubiesen pasado lo que tú has tenido que pasar. Pero tú has visto tantas veces la mano de Dios, que no puedes dejar de seguir creyendo que lo mejor está por venir y que tus días venideros superarán todo mal recuerdo del pasado. ¡Continúa! Estás anclado a la esperanza.

NOVIEMBRE 5

Sé un prisionero de la esperanza. La esperanza es lo que ha hecho que hayas resistido hasta el sol de hoy a pesar de todos los vientos en contra que has enfrentado. La Escritura dice que Dios le dice a su pueblo que se vuelvan a la fortaleza porque ellos son prisioneros de la esperanza y también les anuncia que Él les restaurará el doble. El ser prisionero es estar unido a algo de lo cual no te puedes liberar. Puedes ser esclavo del temor, o esclavo del amor. Puedes ser esclavo de la desesperanza, o esclavo de la fe. Puedes ser esclavo de lo que te ocurrió en tu pasado, o prisionero a creer en que un futuro maravilloso te espera. Hay muchas cosas en esta vida que querrán ponerte cadenas y hacerte prisionero. Sigue creyendo sin importar lo que te salga al encuentro. Nunca te rindas y nunca dejes de creer. Sé un prisionero de la esperanza.

Ver Zacarías 9:12

NOVIEMBRE 6

Cree en esperanza contra esperanza. Esto fue lo que el patriarca Abraham hizo, decidió creer en la esperanza de lo que Dios le había prometido acerca de su futuro. Cuando Dios le dio una promesa de que él y su esposa Sara iban a tener un bebé, ella tenía alrededor de setenta y cinco años de edad. Era algo imposible en lo natural. Nunca había pasado antes. Abraham pudo haber desechado la promesa y pensado que tal vez escuchó mal. Las Escrituras dicen que Abraham creyó en esperanza contra esperanza acerca de la promesa que le fue dada. Él creyó no solamente en la promesa de que él y Sara serían padres en su vejez, sino también en la promesa de que él se convertiría en padre de naciones y que su descendencia sería multitudinaria. Para Dios todo es posible y cumplirá a cabalidad todo lo que te ha prometido. Cree en esperanza contra esperanza.

Ver Romanos 4:18

NOVIEMBRE 7

Dios no está limitado por lo natural. Él es un Dios sobrenatural. Puede que te encuentres en una situación donde, en lo natural, no tiene sentido seguir creyendo. Muchas veces no hay una razón lógica para tener esperanza. En lo natural, muchas veces no se logra tener una respuesta en cómo las cosas se pueden arreglar o cómo podrían avanzar. En la vida y en el camino de fe en el que nos encontramos, vamos a enfrentar muchos momentos así. Cuando el reporte médico llega y nos dice lo que en lo natural podría pasar, o esa demanda que llega sin previo aviso que amenaza en destruir lo construido, o esa ruptura en una relación importante para nosotros, que nos muestra en lo natural una nula posibilidad de una restauración. Más sin embargo, la fe en el Señor tu Dios obra y actúa en lo sobrenatural. Aunque no haya lógica alguna, continúa confiando. Dios no está limitado por lo natural. Él es un Dios sobrenatural.

~

NOVIEMBRE 8

Solamente porque esa promesa que esperas no se ha cumplido, no quiere decir que no va a pasar. En las Escrituras podemos leer que cuando el Patriarca Abraham recibió la promesa de tener un hijo en su vejez y que sería padre de naciones, no había lógica alguna en tener fe acerca de ello. Todo en lo exterior decía que no habría manera alguna. Desde que Abraham y su esposa Sara recibieron la promesa de tener un hijo, esperaron alrededor de quince años hasta que ocurrió. No es lo mismo esperar en la juventud quince años para que una promesa se cumpla, que esperar el mismo tiempo, pero en tu vejez. Pero Abraham creyó, a pesar de lo que en lo exterior las circunstancias le decían, y su fe le fue tomada por justicia. ¿Puedes seguir creyendo aunque la promesa parezca tardarse? Dios no miente y cumple lo que promete. Solamente porque esa promesa que esperas no se ha cumplido, no quiere decir que no va a pasar.

NOVIEMBRE 9

Si esa adversidad no iba a obrar para tu bien, Dios nunca la habría permitido. Sacúdete la autocompasión, sacúdete la decepción. Lo que Dios te prometió, aún va a hacerlo pasar. No eres una víctima de las circunstancias. Si Dios hubiese sabido que esa crisis, que esa prueba, que esa traición no iba a sumarte de alguna manera a tu propósito, jamás la hubiese permitido. Todo te ayuda para bien. Las cosas no te suceden a ti, sino que suceden para ti. Puede que en su momento no lo hayas visto así y hayas culpado a personas. Pero la realidad es que las personas nada más son instrumentos dentro del plan divino. Dios controla el universo. Si esa adversidad no iba a obrar para tu bien, Dios nunca la habría permitido.

~

NOVIEMBRE 10

No permitas que las personas te convenzan de abandonar lo que Dios puso en tu corazón. Hay deseos que son puestos en tu corazón con un propósito. Hay sueños que desde la niñez han estado dentro de ti, y es porque tienen que ver tu verdadera esencia, tienen que ver lo que has venido a hacer a esta tierra. Así como hay personas que vienen a soplar las velas de tu pasión, así hay personas que vienen en forma de voces negativas para desanimarte y convencerte de que desistas de perseguir tus sueños. Vengo a decirte que no se te ha pasado tu ventana de oportunidad, ni es demasiado tarde. Si Dios no se ha rendido con tus sueños, tú tampoco deberías hacerlo. Escucha la voz de la fe, no las voces del desánimo. No permitas que las personas te convenzan de abandonar lo que Dios puso en tu corazón.

~

NOVIEMBRE 11

Puede que haya tomado ya mucho tiempo por lo que has estado creyendo, pero lo que Dios comenzó, Él va a terminarlo. No fuiste creado en el vientre de tu madre para quedarte a mitad del camino, ni inconcluso. Dios no te dejará, hasta que haya hecho contigo lo que dijo que haría. Aunque los fuertes vientos soplen, aunque recias tormentas azoten, o aunque las voces del desánimo hablen negatividad. Tú cumplirás el genuino propósito de tu vida. Aunque la promesa se tarde, tus ojos verán su cumplimiento. Puede que haya tomado ya mucho tiempo por lo que has estado creyendo, pero lo que Dios comenzó, Él va a terminarlo.

NOVIEMBRE 12

Dios no aborta sueños. Las Escrituras claramente declaran que los planes que Dios tiene para tu vida son de bien y no de mal, para darte un futuro y una esperanza. Puede que hayas pasado situaciones difíciles, pero eso no detiene el plan divino. Ni siquiera tus errores ni debilidades hacen que Dios se dé por vencido contigo. De lo contrario, el destino del Apóstol Pedro hubiese sido cancelado por no poder controlar su carácter y por haber negado a Jesús en tres ocasiones. Jesús siempre supo desde el principio del carácter y de la negación de Pedro y, aun así, decidió escogerlo y utilizarlo con planes de bien. La misma gracia está sobre tu vida. No puedes hacer nada para que Dios te ame menos. Puede que te hayas equivocado como Pedro, pero tu destino no ha sido cancelado. Los planes de bien continúan vigentes para contigo. Continúas dentro de un plan. Dios no aborta sueños.

Ver Jeremías 29:11

NOVIEMBRE 13

Si no te anclas a la esperanza, el avatar de la vida hará que te alejes. En muchas ocasiones sin darnos cuenta, si no estamos anclados a lo que nos mantiene firmes, nos alejamos y nos volvemos negativos y desanimados. No nos damos cuenta cuando nos empezamos a quejarnos en lugar de ser agradecidos. Si las Escrituras hablan que nuestra alma debe de estar anclada a la esperanza, es porque el alma necesita estar firme en algo que defina sus convicciones y sus prioridades. No nos damos cuenta cuando, por la vida misma, nuestras prioridades poco a poco se van moviendo y perdiendo importancia. Ánclate a la esperanza porque esto no defrauda y hará que tu fe y tus convicciones no se muevan a pesar de los fuertes vientos, y a pesar de que no ves nada suceder en lo exterior. Si no te anclas a la esperanza, el avatar de la vida hará que te alejes.

Ver Hebreos 6:18-20.

NOVIEMBRE 14

Siempre puedes regresar hacia donde se supone que debes estar. Suele suceder que cuando nuestras prioridades no están claras y nuestra fe es débil, poco a poco nos vamos moviendo sin darnos cuenta hacia extremos contrarios. A veces es la rutina diaria de la vida misma la que hace que nos movamos sin darnos cuenta. No nos damos cuenta cuando empezamos a amargarnos, quejarnos y a ver todo negativo. En la vida, esto nos sucede a todos en varias ocasiones. El corazón es siempre lo primero que se mueve por el movimiento interno de las emociones. Sin embargo, el hecho de que te hayas movido no quiere decir que debes seguir alejándote. Tú tienes siempre la decisión de regresar al centro de tus convicciones. El estar anclado a la esperanza no significa que no tendrás dificultades, significa que no te mueves a pesar de lo que puedas estar atravesando. Siempre puedes regresar hacia donde se supone que debes estar.

~

NOVIEMBRE 15

Son más los que están contigo que los que están contra ti. Las fuerzas de Dios siempre son mayores que las fuerzas del enemigo. No permitas que lo que te sucedió, sea pequeño o sea grande, haga que pierdas la esperanza. Las cosas no te suceden a ti, suceden para ti. Y los que tratan de destruirte, son los que serán utilizados por Dios para bendecirte. Jesús sabía que un Judas sentado a su mesa era parte de su destino. Él siempre supo que el atravesar la traición era parte del plan y que la oposición que enfrentaba era lo que iba a hacer que el plan divino fuera consumado. ¡No temas! La fuerza más grande del universo te respalda. Las fuerzas de Dios siempre son mayores que las fuerzas del enemigo. Son más los que están contigo que los que están contra ti.

NOVIEMBRE 16

Si no te anclas a la esperanza, con el tiempo te anclarás a algo más. No permitas que lo que te ocurrió, pequeño o grande, haga que te rindas en seguir creyendo en la esperanza. Dios te da la vida, el tiempo y los dones. Pero luego cada uno tiene la responsabilidad de aprovecharlos para la misión que cada uno vino a hacer a esta tierra. No eres un accidente, estás aquí con un propósito. No se trata nada más de ser positivo, se trata de que tu alma esté firme en una convicción que no defrauda. Sé diligente en avivar el don de Dios puesto en ti y en vivir con expectativa de lo que Dios va a hacer. De lo contrario, sin darte cuenta, te moverás a la negatividad, al desánimo, y la desesperanza. Si no te anclas a la esperanza, con el tiempo te anclarás a algo más.

NOVIEMBRE 17

La dificultad no está allí para derrotarte, está allí para ascenderte. Lo que piensas que ha venido a bloquear tu camino, es lo que Dios usará para llevarte hacia el próximo nivel. Leemos en las Escrituras que, cuando el pequeño David se enfrentó con el gigante Goliat, al derrotarlo en batalla, tuvo la admiración hasta de Saúl, quien fungía como rey en ese entonces. El favor de Dios estaba con David. Entonces el haber derrotado a Goliat elevó a David, de ser considerado un pequeño joven pastor de ovejas, a un guerrero mata-gigantes que luego se convertiría en el nuevo rey de toda la nación de Israel. Las batallas con tus propios gigantes personales es lo que está allí para posicionarte en el próximo nivel. Si te mantienes en fe, tus enemigos serán utilizados como peldaños para llevarte hacia donde debes de estar. La dificultad no está allí para derrotarte; está allí para ascenderte.

Ver 1 Samuel 17:37

~

NOVIEMBRE 18

Los días que vienen son mejores que los días que quedaron atrás. Mantente en expectativa de lo que Dios va a hacer en tu vida. Ya no puedes seguir conduciendo por la carretera de tu vida mirando por el espejo retrovisor. Nada de lo que sucedió puede ser cambiado. No puedes regresar atrás a tratar de juntar los pedazos de algo que se quebró. Todo lo que te ocurrió fue usado para tu bien. Ese cúmulo de experiencias, muchas de ellas dolorosas, vinieron a añadir sabiduría en ti. Si insistes en mirar a atrás, que sea para recordar las victorias de Dios en tu vida. Extiéndete hacia lo que está adelante y no permitas que cualquier cosa que te haya ocurrido en el pasado te robe el enfoque y las fuerzas en tu presente. Lo mejor está por venir. El mejor capítulo de tu vida está recién por comenzar. Los días que vienen son mejores que los días que quedaron atrás.

NOVIEMBRE 19

Parte de la buena batalla de la fe es que te tomes de la esperanza en las temporadas de sequía. La vida se compone de estaciones, ciclos y temporadas. Todos atravesamos temporadas que son difíciles y nos toca perseverar. Es fácil perder el entusiasmo cuando hay temporadas de desierto. Hay estaciones de abundancia y estaciones de sequía. Hay temporadas donde vemos que todo florece y temporadas donde nos toca ver que todo cae, como hojas secas. Todos los ciclos son parte del trayecto. No sé qué tiempo personal te está tocando vivir. Pero vengo a decirte que esta temporada también pasará. Se requiere que perseveres anclado a la esperanza en este tiempo. Parte de la buena batalla de la fe es que te tomes de la esperanza en las temporadas de sequía.

NOVIEMBRE 20

Tú puedes hacer de lo que ocurrió tu excusa, o puedes hacerlo tu propósito. El quebrantamiento es parte de la vida. Puede que hayas pasado momentos donde has sido quebrado por las decisiones que alguien más tomó. Puede que hayas atravesado por una infidelidad, por un abuso, por injusticias que no te merecías. Todas estas cosas nos suceden a todos. Sin embargo, no es tan importante lo que te sucede, sino cómo reacciones a ello. Una misma cosa le podría ocurrir a dos personas: una decide amargarse, y la otra decide volverse mejor. Es cuestión de actitud. Si tienes la convicción firme de que Dios siempre está en control y que nada le toma por sorpresa, vives confiado sabiendo que todo ayudará para bien. No puedes cambiar nada de lo que te sucedió. Lo importante del día de hoy son las decisiones que tomes con lo que te ocurrió. Hay alguien atravesando por lo que pasaste y a quien tú puedes ayudar. Tú puedes hacer de lo que ocurrió tu excusa, o puedes hacerlo tu propósito.

~

NOVIEMBRE 21

Una decepción no puede detenerte. Nada ni nadie puede detenerte a menos que tú lo permitas. El único que puede detener tu destino eres tú mismo con las decisiones que tomes hoy. Todavía no has visto tus mejores días. Tus días venideros son mejores que todo lo que quedó atrás. Las decepciones nos suceden a todos. Puede que tengas a alguien a quien tú admires o que quieras lograr algo que esa persona ha alcanzado. La realidad es que esa persona, a quien tú tanto admiras, ha sufrido decepciones tan fuertes como las que tú has pasado, pero decidió no rendirse. Todos tenemos una historia triste que contar. Pero siempre se tratará acerca de las decisiones que tomes con lo que te ocurre lo que verdaderamente importa. Una decepción no puede detenerte.

NOVIEMBRE 22

Dios te tiene en las palmas de sus manos. Tú tienes quien cuida de ti en todo momento y en todo lugar. Las Escrituras dicen que Dios no duerme cuando se trata de cuidar a los suyos. Ya no eres más un esclavo del temor cuando sabes que tienes quien te defienda. ¿Puedes confiar en que Dios tiene cuidado de ti? ¿Puedes tener paz sin importar que tan recia sea la tormenta? Nunca olvides que son más los que están contigo, que los que están contra ti. Ni todas las fuerzas de las tinieblas juntas van a sobrepasar la autoridad divina sobre ti, sobre tu vida y sobre tu familia. Dios siempre tiene la última palabra. En verdad, tú puedes vivir confiado como lo está un niño al tener a sus padres cerca. Dios te tiene en las palmas de sus manos.

Ver Salmos 121:4

NOVIEMBRE 23

Si te mantienes anclado a la esperanza, lo que ahora es tu prueba muy pronto se convertirá en tu testimonio. Dios quiere convertirte en la prueba de su bondad. Algo que otros puedan ver en ti para mostrar la bondad divina sobre tu vida. Sin embargo, sé que no es fácil cuando te encuentras en medio de la prueba, en medio de la tormenta, en medio de no poder nada hacia delante. En estos momentos, es cuando más necesitas tomarte de la esperanza. Es en los momentos de punto de quiebre cuando más necesitas aferrarte a tu fe. Lo que otros han dicho que es tu limitación, es lo que Dios utilizará para mostrarse a otros en ti. Si te mantienes anclado a la esperanza, lo que ahora es tu prueba muy pronto se convertirá en tu testimonio.

NOVIEMBRE 24

Estás siendo empujado hacia tu propósito. No siempre entendemos porque ciertas cosas nos suceden. Tal vez pensaste que esa amistad estaría contigo por años, alguien con quien contabas, de repente se mueve. Tal vez las cosas siempre han estado bien en tu trabajo, las cosas van más que bien, pero ahora hay conflicto; todo ahora te cuesta el doble y ya no lo disfrutas. Cuando una puerta que ha estado abierta por años, se cierra es porque estás siendo redireccionado hacia otra puerta que Dios abrirá a tu favor. Cuando una fuente de ingresos se seca, cuando una amistad se separa, cuando en lo que tenías viento a favor, ahora parece tan difícil avanzar; es porque estás siendo dirigido hacia otra dirección donde empezarás una nueva etapa. A nadie le gustan estos cambios bruscos de dirección, pero son necesarios. Confía también en Dios en las temporadas cuando las puertas se cierran, porque eso ocurre para hacerte bien, que no te estanques y puedas avanzar. Estás siendo empujado hacia tu propósito.

NOVIEMBRE 25

En ocasiones Dios permitirá que atravieses periodos de oscura incomodidad, para que así Él pueda bendecirte más adelante. Todo se trata de caminar en fe. No siempre vas a entender todo lo que te sucede. Dios no está tan preocupado de nuestra comodidad, como lo está de nuestro propósito. Cuando en un lugar ya no hay crecimiento, ni avance, ni propósito, eres movido hacia otro lugar. En su momento, puede que no lo entiendas. Las bendiciones más grandes están del otro lado del desierto. El pico de la montaña está reservado para los que resisten en los caminos pedregosos de los costados. No has sido traído hasta aquí para quedarte a mitad del camino. Resiste, aunque no lo entiendas. En ocasiones Dios permitirá que atravieses periodos de oscura incomodidad, para que así Él pueda bendecirte más adelante.

NOVIEMBRE 26

No todas las puertas que se cierran son algo malo. La meta de Dios no es hacer tu vida miserable. Él te está empujando hacia tu propósito. No todas las personas que se marchan de tu vida son una tragedia. Dios sabe que no te moverás hacia delante, si no eres empujado hacia ello. Cuando todo está bien, todos tendemos a estar cómodos y no provocamos cambio. Hay un propósito latente en tu vida que requerirá en muchas ocasiones salir de tu conocida zona de comodidad. Sé que es incómodo, que prefieres quedarte en lo conocido. Sin embargo, hay mucho en ti por desarrollarse como para quedarte donde estás. Confía en que las oportunidades que terminan o las relaciones que se rompen tienen que suceder para encaminarte en tu misión y propósito. No todas las puertas que se cierran son algo malo.

NOVIEMBRE 27

Tú tienes demasiado potencial, demasiado talento, demasiado por desarrollarse en ti como para que te estanques allí donde estás. En la mayoría de los casos no nos movemos ni provocamos el cambio si no somos empujados hacia ello. Podemos ver en la fauna como, por instinto, las madres empujan a sus crías a dar el próximo paso en su desarrollo. La mamá águila tiene que empujar a sus bebes águilas fuera del nido cuando ella observa que ya están capacitados para volar. De la misma manera, cuando Dios ve el potencial en ti, tiene que provocar algún tipo de quiebre para que eso en ti se pueda desarrollar. Él te pondrá en situaciones que te hacen estirar, te hacen crecer, te hacen extender tus alas. Nada de lo que te ha ocurrido vino a detenerte, sino que vino para provocarte al crecimiento. Tú tienes demasiado potencial, demasiado talento, demasiado por desarrollarse en ti como para que te estanques allí donde estás.

~

NOVIEMBRE 28

Todo lo sucedido ha sido parte del plan de Dios. No te quejes por la persona que te falló, por ese ser amado que perdiste, o por ese trabajo que no funcionó como esperabas. Todo eso fue parte del plan de Dios. La oposición y la traición que experimentó Jesús no fueron permitidos para detenerlo, sino para que cumpliera su misión en esta tierra. Cuando Dios ve que estamos estancados en cierto lugar, usará hasta a los que se levantan en nuestra contra, para provocarnos a movernos en la dirección correcta. No te desanimes cuando las cosas no salen como esperas; porque todo es parte del plan. Cuando lo que no te gusta suceda, cambia de perspectiva y recuerda que así tiene que suceder. Todo lo sucedido ha sido parte del plan de Dios.

NOVIEMBRE 29

Tú no estarías preparado para los nuevos niveles si no hubieses pasado lo que has pasado. Todo en tu vida ha sido una preparación y un entrenamiento. Puede que te preguntes por qué tuviste que atravesar determinada estación de dolor o por qué, sin planearlo, te viste enfrentando situaciones difíciles desde tu juventud. El hecho de que estés leyendo palabras que refuerzan tu caminar de fe es porque te has dado cuenta de que, así como todos, necesitas de Dios. ¿Pero, cómo te diste cuenta de eso? Te diste cuenta debido a que has tenido que pasar por situaciones límite donde tu fe ha sido estirada. Cada situación adversa vino a depositar en ti cosas que no estaban. Eres más sabio, más fuerte, y más resiliente debido a todo lo que has enfrentado. Tú no estarías preparado para los nuevos niveles si no hubieses pasado lo que has pasado.

NOVIEMBRE 30

Una puerta cerrada significa que una nueva puerta se abrirá. Dios abre puertas y cierra también puertas con propósito. Cuando Él ve que estamos estancados en un lugar donde no vamos a crecer o donde no vamos a ejercitar nuestra fe, tiende a cerrar una puerta para obligarnos a movernos hacia otra puerta de oportunidad ya preparada para nosotros. La situación es que la transición de una puerta hacia otra, le toca a cada uno atravesarlas por fe. Dios no nos da todos los detalles del trayecto. Nos toca confiar en cada etapa, confiando en que Dios está en control y que Él sabe lo que hace. Un día más adelante estarás agradecido por las puertas que se cerraron. Porque de no haber sido así, no hubieses accedido a bendiciones mayores. Confía y mantente a la expectativa de lo que Dios va a hacer. Una puerta cerrada significa que una nueva puerta se abrirá.

~

DICIEMBRE

"Porque Jehová de los ejércitos lo ha determinado, ¿y quién lo impedirá? Y su mano extendida, ¿quién la hará retroceder?"

— Isaías 14:27

DICIEMBRE 1

Estás a punto de ver nuevo crecimiento, nuevo talento, nuevas oportunidades. La puerta cerrada significa que estás a punto de ser empujado hacia tu propósito. El enemigo no cierra todas las puertas. Muchas veces es Dios quien cierra la puerta. Él mueve a personas de nuestra vida porque Él sabe que serán como muletas que limitarán nuestro potencial. A veces Él causará que una situación se seque, entonces seremos forzados a cambiar. Una de las verdades acerca de los seres humanos es que solamente crecemos y alcanzamos nuestro potencial hasta que somos obligados a hacerlo. La comodidad de una zona conocida o personas en las cuales nos apoyamos vienen, después de un tiempo, a limitar nuestro crecimiento. Por eso es que en muchas ocasiones te has encontrado en situaciones en que las puertas se han tenido que cerrar en tu vida. ¡Confía! Todo es parte del plan. Estás a punto de ver nuevo crecimiento, nuevo talento, nuevas oportunidades.

~

DICIEMBRE 2

Si te dejas de preocupar acerca de quién se marchó de tu vida, las personas correctas aparecerán. Hay personas que estarán de tránsito en tu vida; su naturaleza no es quedarse. Si alguien de tu pasado, no está en tu presente, es porque no pertenece a tu futuro. Hay personas que se tienen que marchar o asociaciones que tienen que terminar, de lo contrario no somos forzados a cambiar. Si alguien se marchó, fue porque así tenía que suceder. Si dejaste de tener favor con determinada persona o tuvo un cambio de corazón hacia ti, es porque era el tiempo en que esa relación o asociación tenía que terminar. Dios trae almas con propósito a tu vida, pero también se las lleva con propósito. ¡No te preocupes! Las personas que necesitarás estarán allí en cada estación de tu vida. Si te dejas de preocupar acerca de quién se marchó de tu vida, las personas correctas aparecerán.

~

DICIEMBRE 3

Si Dios permite que algo se quiebre, no es para lastimarte, es para impulsarte. Dios tiene nuevos niveles de tu destino, más avance, más influencia, más recursos para ti. Pero lo que sucede es que no accedes a ellos a menos que seas empujado al cambio. A todos nos gusta la comodidad. No queremos provocar cambio porque eso significa incomodidad en muchos aspectos. Pero Dios sabe eso porque nos conoce. Él sabe que, de no quebrar eso que te mantiene en la zona segura, ya sea una relación o una oportunidad laboral o profesional, no accederás a bendiciones mayores ya preparadas para ti. Los planes de bien continúan desarrollándose en tu vida. Pero ese plan necesita que seamos provocados al cambio en el trayecto. Si Dios permite que algo se quiebre, no es para lastimarte, es para impulsarte.

DICIEMBRE 4

El sueño de Dios para tu vida es más grande de lo que imaginas. En la mayoría de los casos no sabemos pedir, porque pensamos que determinada oportunidad, situación o persona nos vendrá a hacer bien, cuando no es así. También en muchas ocasiones, sin saberlo, pedimos en contra de nuestro propio avance y progreso. Queremos que determinada puerta se abra o que cierta persona se quede a nuestro lado, cuando no sabemos que eso nos estancará el crecimiento. Las Escrituras dicen que Dios conoce los pensamientos de bien que tiene para los suyos. Él sabe cómo llevarte al genuino propósito de tu vida, aunque eso represente varios valles y desiertos en medio del trayecto. Puede que en tu lógica escojas algo bueno, pero deja que Dios decida qué es lo mejor. Confía en el plan, confía en el proceso. El sueño de Dios para tu vida es más grande de lo que imaginas.

Ver Jeremías 29:11

DICIEMBRE 5

El enemigo pudo haber usado la decepción para lastimarte, pero Dios va a usarlo para tu ventaja. Las Escrituras dicen que todo ayuda a bien para los que aman a Dios. Puede que hayas enfrentado mucha adversidad en tu pasado, pero eso, lejos de alejarte de tu propósito, te ha impulsado hacia él. Jesús sabía que un Judas sentado a su mesa y la oposición llena de odio de los fariseos, quienes pertenecían a la religión organizada de la época, eran parte de su destino. Él sabía que para que lo escrito se cumpliera iba a ser necesario pasar por la traición y la desilusión. El confiar en Dios también tiene que ver con saber que Él continúa sentado en su trono, independientemente de lo que puedas estar atravesando. Confía en que todo es parte del plan. El enemigo pudo haber usado la decepción para lastimarte, pero Dios va a usarlo para tu ventaja.

Ver Romanos 8:28

DICIEMBRE 6

Dios te sacará de la situación difícil incrementado, aumentado, más fuerte, más sabio, y mucho mejor que como estabas antes. Leemos en las Escrituras acerca de Job, de cómo él, después de pasar un periodo de pérdidas y tragedias, Dios al final lo bendijo con una mejor condición de cómo estaba antes. También leemos en el libro del Éxodo que, cuando los israelitas salieron de la esclavitud del régimen egipcio, salieron de allí con oro, plata y vestidos costosos. De esta manera el pueblo de Dios despojó a los egipcios de lo valioso que tenían y salieron rumbo a la promesa. Lo que el enemigo hizo para dañarte, Dios lo utilizará para impulsarte. Muchas veces son permitidos en tu vida los periodos de esclavitud para que posteriormente la gloria divina sea visible en tu vida. Dios te sacará de la situación difícil incrementado, aumentado, más fuerte, más sabio, y mucho mejor que como estabas antes.

Ver Éxodo 12:35-36

DICIEMBRE 7

Entre más grande sea la dificultad, más cerca estás del nacimiento de lo nuevo. El dolor es la señal de que estás a punto de experimentar algo nuevo que está por nacer. Es fácil pensar que esa pérdida es el final, pero descubrirás que está a punto de nacer un nuevo nivel de tu destino. Los gigantes se levantan justo antes de entrar en la Tierra Prometida. La decepción, la persecución o la traición pueden que sean dolorosas de atravesar, pero si te mantienes en fe, después de ello vendrás a posicionarte en una mejor posición. Es precisamente la oposición lo que está provocando que algo nuevo nazca en ti. Estás siendo empujado hacia tu propósito. Entre más grande sea la dificultad, más cerca estás del nacimiento de lo nuevo.

∼

DICIEMBRE 8

Dios no desperdicia el dolor. De tus heridas más profundas, nace tu mayor servicio a otros. Puede que te preguntes, ¿Por qué tuve que pasar esa situación en la niñez? ¿Por qué tuve que pasar por el dolor de la traición y la infidelidad? ¿Por qué tuve que pasar esa pérdida dolorosa? Es porque Dios sabe que ese dolor que atravesaste, hará que tu propósito se desarrolle a través de ello. No eres un accidente. Tienes una misión por cumplir. No hay tiempo. No importa la edad que tengas o las limitaciones que pienses que tienes. Si no decides hacer eso para lo que naciste, bajarás al sepulcro sin haber cumplido tu propósito. Pelea el último round, dispara la última flecha y parte de esta vida sin nada. El dolor es lo que provoca el nacimiento del genuino propósito de tu vida. Dios no desperdicia el dolor.

~

DICIEMBRE 9

Esa traición no fue enviada para detenerte, fue enviada para impulsarte. No te quejes más acerca de alguien que te dañó y de lo que injusto que fue. Si eso que te sucedió iba a obstaculizar tu destino, Dios no lo hubiese permitido. La traición nos pasa a todos. Es una de las materias dolorosas que nos toca cursar a cada uno de diferente forma de este lado de la eternidad. Sacúdete la actitud de víctima y prepárate para que nuevas puertas se abran, nuevas oportunidades, nuevas habilidades a desarrollar, nuevas amistades. El dolor de la traición también fue utilizado por Dios para formarte interiormente. Una cuota de sabiduría, que no estaba antes, ha sido añadida a tu forma de ver las cosas a causa del dolor. Esa traición no fue enviada para detenerte, fue enviada para impulsarte.

~

DICIEMBRE 10

Algo nuevo viene. Estás a punto de entrar a una temporada de nuevos niveles, nueva influencia, nuevo crecimiento. El dolor es la señal de un nuevo nacimiento. Cuando una madre está dando a luz y tiene contracciones, la instrucción del médico es de empujar justo cuando vienen las contracciones. Es en medio del dolor donde tienes que empujarte a ti mismo hacia lo nuevo. Dios puede evitarnos el dolor, pero él prefiere que aprendamos a perseverar cuando estemos en medio de él. Si estás siendo empujado por medio del dolor, no te desanimes. Cobra ánimo, porque es el tiempo correcto en que lo nuevo está por venir. Dios tiene algo más grande en tu futuro, y estás a punto de entrar en un nuevo nivel de tu destino. Estás por descubrir talentos y habilidades que no sabías que tenías. Algo nuevo viene.

DICIEMBRE 11

Dios controla el universo. Él sabe lo que es mejor para ti. Puede que hayas pedido algo desde hace tiempo atrás. Pero puede que Dios esté respondiendo a tus oraciones de manera diferente. Solamente Dios puede saber con exactitud qué es lo que más te conviene. Si estás siendo empujado hacia cierta dirección, es porque allí hay una puerta que está abierta. La mayoría de las veces, el camino por donde Dios te dirige es un camino que no tiene sentido ni lógica. Se trata de confiar. Estás a punto de descubrir capacidades y talentos en ti que no sabías que tenías. Para que esos talentos salgan de ti, tienes que estar en el ambiente y en la tierra correcta. Toda semilla sigue sin desarrollarse hasta que se pone en la tierra. Puede que estés siendo dirigido por un camino no tan cómodo, pero no te quejes. Dios está estirando tu fe, Él te está ensanchando. Dios controla el universo. Él sabe lo que es mejor para ti.

DICIEMBRE 12

Dios utiliza personas para empujarte hacia donde debes estar. Él permite enemigos en tu vida no para lastimarte, sino para impulsarte a cierta dirección. Sin ellos no podrías cumplir tu destino. Jesús sabía que un Judas sentado a su mesa era parte de su propósito y parte del plan. Él sabía que el odio de sus opositores también era permitido por su Padre para que se cumpliera lo escrito. No te molestes por las personas que vienen a hacerte mal, que vienen a traicionarte o no te toman en cuenta. Aunque ellos piensen que te están empequeñeciendo, lo que en realidad están haciendo es que te están engrandeciendo. En este camino de fe, enfrentas a gigantes y opositores en el trayecto, pero confía, ellos también son parte del plan. Dios utiliza personas para empujarte hacia donde debes estar.

DICIEMBRE 13

Dios sabe cómo sacarte de tu zona de comodidad. Todos amamos estar en la comodidad de lo que representa nuestro nido. Todos queremos quedarnos en esa zona de confort donde estamos rodeados de lo conocido. Lo que sucede es que el nido es bueno por una temporada, pero es contraproducente contra el crecimiento. Cuando es tiempo de crecer, de ensancharnos, de creer por más, Dios permite que las bases de lo que representa nuestro nido se muevan para que seamos obligados a salir de allí. Puede que tu nido sea ese trabajo, esa relación, ese lugar donde resides, o ese sitio donde podrías quedarte toda la vida. Pero ese lugar que para ti es bueno y cómodo, puede que en este tiempo ya no sea lo mejor. Él abrió esa puerta; Él puede cerrar la puerta. Dios sabe cómo sacarte de tu zona de comodidad.

DICIEMBRE 14

Dios usará los vientos de la tormenta que fueron destinados para dañarte para dirigirte hacia tu destino. Las tormentas son parte de la vida. Puede que no lo entiendas en estos momentos, que te parezca incómodo, pero mantén la actitud correcta. La tormenta no va a vencerte; la tormenta va a promoverte. Dios permite las tormentas para obligarnos a dirigirnos hacia cierta dirección. Al final, las tormentas terminan siendo un siervo de Dios que sus vientos son utilizados para empujarte hacia donde debes de estar. No te quejes por los fuertes vientos, porque han venido para soplar las velas de tu pasión y dirigirte hacia tu destino. Una puerta que se cierra no es el final, es una redirección hacia la puerta correcta. Los enemigos que vinieron a dañarte, serán utilizados como peldaños para elevarte. Dios usará los vientos de la tormenta que fueron destinados para dañarte para dirigirte hacia tu destino.

～

DICIEMBRE 15

Tienes que estar dispuesto a pasar el proceso. Son los procesos los que te forman el carácter. Llegar a una Tierra Prometida de abundancia sin el desierto no te sería de bendición. Los compromisos más grandes y las convicciones más profundas se graban a fuego en tu interior al atravesar los procesos requeridos para ello. En la Biblia leemos que Moisés pasó cuarenta años en el patio trasero de un desierto antes de convertirse en libertador. Juan, el bautista, pasó años en el desierto antes de convertirse en un instrumento en su tiempo para preparar el camino del mesías. Y el mismo Dios, a sí mismo, por medio de la persona de Jesús se permitió pasar cuarenta días en el desierto antes de iniciar su misión de manera pública. La preparación es sumamente importante. Sin el carácter requerido, una bendición se podría convertir en una maldición. Decide no quejarte y pasar la prueba con una buena actitud. Tienes que estar dispuesto a pasar el proceso.

~

DICIEMBRE 16

Avanza hacia lo desconocido. Dios tiene una ruta preestablecida para tu vida. Desde antes de que fueras formado en el vientre de tu madre, Él tenía también un plan ya establecido. Dios no solamente tiene un plan de bien formado para contigo, sino que sabe cómo llevarte hacia él. Las escrituras dicen que serás guiado por la dirección hacia donde te debes dirigir. Sin embargo, Él no te muestra la ruta completa. No te dice cómo va a ocurrir, cuánto tiempo va a tomar, de dónde vendrán los recursos, o a quién vas a conocer. Dios te muestra un paso a la vez. Si confías en el plan divino, y avanzas hacia lo que no conoces, no sabiendo cómo va a funcionar, Él te mostrará el próximo paso. Paso a paso, Dios te guiará hacia destino. Avanza hacia lo desconocido.

Ver Salmos 32:8

DICIEMBRE 17

Avanza, aún sin saber todos los detalles. Dios no te muestra la ruta completa del trayecto. Solamente tendrás la próxima instrucción y lo demás deberás de creerlo por fe. Las Escrituras dicen que la palabra de Dios es como lámpara a nuestros pies y lumbrera a nuestro camino. Con una lámpara, uno puede nada más puede alumbrar a cierta distancia; no podemos alumbrar todo el trayecto. De la misma manera, todos estamos limitados a ver nuestro camino inmediato, pero no todos los detalles del trayecto. De lo contrario, no estaríamos obligados a usar nuestra fe. Se trata de confiar, en dar el paso a lo desconocido en el presente, sabiendo que eventualmente llegarás a destino. Dios no te estaría dirigiendo por una determinada dirección si Él no tuviera un propósito. Avanza, aún sin saber todos los detalles.

Ver Salmos 119:105

DICIEMBRE 18

¿P detalles?Una de las ventajas de conducir con un uedes resistir el silencio de no conocer todos los como GPS, es que te puede dar a conocer todos los detalles de la ruta. Pero no sucede así al transitar un trayecto por fe en la vida real. Cuando decides avanzar por fe, sucede que le preguntas a Dios: "¿Cuánto me falta por llegar?" No hay respuesta. "¿Dónde quieres que dé la vuelta?" No hay respuesta. "¿Qué tan lejos iré por esta dirección?" No hay respuesta. No te dice más allá del próximo paso inmediato. Se trata de confiar en Dios en la instrucción en el presente, sin saber cuáles serán las instrucciones del futuro. Las Escrituras dicen que sin fe es imposible agradar a Dios. Tu vida le agrada a Dios cuando avanzas por fe sin saber todas las especificaciones de la ruta. ¿Puedes resistir el silencio de no conocer todos los detalles?

Ver Hebreos 11:6

~

DICIEMBRE 19

Dios puede ver cosas que tú no puedes ver. En muchas ocasiones serás guiado por un camino o una oportunidad en la cual no te sientes capacitado. Puede que Dios te esté impulsando a dar ese paso de fe con respecto a un emprendimiento, a una decisión intimidante, a algo que implica salir de tu zona conocida de la comodidad. Tal vez no estés seguro de si será una pérdida de tiempo y de recursos si decides emprender. Lo que sucede es que nunca lo sabrás si no lo intentas. Puede que la fría voz del temor te esté gritando que no lo hagas, que es muy riesgoso, que todo salió mal la última vez. Sin embargo, escucha con más atención al susurro de la fe que te dice que avances en medio de la ansiedad y de los nervios. También puede que te estés preguntando: "¿Y qué pasa si me hundo en el intento?" Tienes razón, es una posibilidad. Pero si te hundes al salir a lo desconocido, recuerda que allí estarán los brazos del Señor tu Dios para rescatarte. ¡No temas, avanza! Dios puede ver cosas que tú no puedes ver.

∾

DICIEMBRE 20

Dios puede ver cosas en ti que ni siquiera tú puedes ver. Fuiste formado en el vientre de tu madre con un propósito y una misión por cumplir. Hay talentos, capacidades y dones que solamente tu Creador puede saber que fueron puestos en ti. Sin embargo, es cuando estás puesto bajo presión y en el ambiente indicado, que estas semillas pueden germinar en ti en forma de dones y talentos. Hay capacidades que no se activan a menos que des el primer paso a lo desconocido. Cada victoria en tu vida requerirá salir de la conocida zona de la comodidad. La familiaridad de lo conocido es realmente el enemigo de que finalmente camines hacia tu propósito. No puedes esperar tener garantías e ir a lo seguro toda la vida, y esperar alcanzar la plenitud de tu destino. Da el paso a lo desconocido y serás sorprendido por dones que no sabías que tenías. Dios puede ver cosas en ti que ni siquiera tú puedes ver.

DICIEMBRE 21

Mantente haciendo lo mejor con lo que tienes. Muchas veces Dios guarda silencio. En ocasiones, no lo escuchas hablarte acerca de los detalles del trayecto. Cuando eso sucede, es fácil pensar que te has salido de la ruta o que algo anda mal. Sin embargo, cuando Dios guarda silencio en el trayecto, significa que te debes de mantener haciendo lo mejor que puedas, con lo que tienes, allí donde te encuentras. Ya vendrá la próxima instrucción. Primero, debemos demostrar fidelidad en una etapa para luego poder ir a la siguiente. Mantente ensanchándote, orando y creyendo. Porque tu fidelidad en la etapa presente tendrá recompensa. El próximo paso será un paso de incremento, un paso de favor, un paso de sanidad, un paso de progreso. Mantente haciendo lo mejor con lo que tienes.

DICIEMBRE 22

Si das el paso de fe hacia lo desconocido, verás milagros. En la mayoría de los casos queremos avanzar, pero primero queremos garantías. Estamos dispuestos a bajar de la barca, pero queremos estar seguros de que no nos hundiremos. Pero el camino de fe con Dios no funciona así. Él puede darte la instrucción de dirigirte por determinada senda, pero sin garantías. Si es por fe, no se puede viajar a lo seguro. No hay plan "B" o garantías de éxito. No importa que te hundas en el intento. Tal vez, esa experiencia de hundirte al caminar sobre las aguas es lo que necesitas para aprender lecciones de fe valiosas. Te hundas o no, todo será utilizado para tu bien. Dios sabe por qué te está enviando por determinada dirección. Confía en el plan divino. O avanzas por fe o te quedas en la zona cómoda sin saber qué pudo haber sido. Al final de la vida, te arrepentirás más de lo que no te atreviste a hacer, que de las veces que te hundiste por creer. Si das el paso de fe hacia lo desconocido, verás milagros.

DICIEMBRE 23

Las personas correctas aparecerán en tu camino. Los milagros ocurren cuando caminas en fe, no cuando se tienen buenas intenciones. Dios ya les ha dado la orden a las personas en tu camino para que te ayuden a avanzar. Ellos aparecerán en el momento en que estés en movimiento. No esperes milagros antes de emprender. Se trata de caminar en fe y los milagros ocurrirán en el trayecto. Leemos en las Escrituras cuando Dios manda al profeta Elías a dirigirse por cierta dirección y le dice cómo Él le ha dado una orden a una viuda para que lo sustentara a su llegada. El requisito era que el profeta obedeciera. Hay bendiciones que no te salen al encuentro a menos que te encuentres en movimiento. Las personas correctas aparecerán, las puertas correctas se abrirán, los recursos aparecerán. Todo cuando ya te encuentres accionando. Las personas correctas aparecerán en tu camino.

Ver 1 Reyes 17:9

DICIEMBRE 24

Dios utiliza el trayecto para prepararte hacia donde te diriges. La tierra intermedia del desierto es para formarte interiormente. Dios te ama demasiado como para dejarte como estás. Él va a utilizar los retos del camino para poner en ti cosas que necesitan ser desarrolladas. La resiliencia nada más se forma en alguien que ha sido expuesto en situaciones donde ha tenido que desarrollarla. Las convicciones y las prioridades se ordenan y deciden en momentos de crisis. Aprendes a ser en un piloto de tormentas, precisamente pasando tormentas. La fe que se está formando en ti hoy, es la que necesitarás para lo que viene. Cuando David enfrentó al gigante Goliat, él ya había sido entrenado en la fe al defender a las ovejas de su padre de osos y leones. Estás siendo formado, estás siendo entrenado y estás siendo preparado para enfrentar gigantes. Dios utiliza el trayecto para prepararte hacia donde te diriges.

∼

DICIEMBRE 25

Dios te está guiando paso a paso. Las Escrituras dicen en el libro de los Salmos que Él te mostrará el camino donde debes andar y que sobre ti están puestos sus ojos. Puede que a veces no sientas que estás siendo guiado, por lo ilógico del trayecto, pero se trata de confiar. Dios sabe lo que hace y conoce los caminos que te llevan hacia tu propósito. Cuando das el paso de fe hacia lo desconocido, cuando estiras tu fe, orando, creyendo, es cuando realmente estás creciendo. El viaje es más importante que el destino. ¿Por qué? Porque si no eres preparado durante el viaje, si no aprendes lo que se supone debes de aprender en el trayecto, no podrías manejar el mantenerte en el lugar hacia donde Dios te está llevando. Si no hubiera resistencia u oposición en el camino, no podríamos ser preparados y entrenados en la fe. ¡No temas! Dios te está guiando paso a paso.

DICIEMBRE 26

Tú siempre te mantendrás de pie después de las tormentas. Las tormentas son parte de la vida. Las Escrituras dicen que la lluvia cae sobre justos e injustos. Tengas fe o no, las tormentas vienen, porque son parte del trayecto. Entonces, ¿cuál es la diferencia de confiar en Dios si las tormentas y los problemas vienen por igual? Es porque también las Escrituras prometen en la parábola de cuándo la tormenta azota una casa fundada sobre la roca y otra sobre la arena, que tú te mantendrás de pie debido al fundamento de tu fe. Dicen que la que estaba edificada sobre la roca, pasados los fuertes vientos, se mantuvo de pie. Mientras la otra casa edificada sobre la arena, la tormenta vino a provocar su ruina. Es la solidez de tu fe la que hace que no seas derribado. Tú siempre te mantendrás de pie después de las tormentas.

Ver Mateo 7:24-27

DICIEMBRE 27

A ún te encuentras de pie, y siempre lo estarás. Todos podemos mirar hacia atrás y ver cómo hemos pasado cosas que nos hubieran derrotado. El hecho de que aún te encuentres de pie, no es solamente por tus propias fuerzas, ha sido la gracia de Dios que ha hecho que te mantengas de pie después de cada tormenta. Puede que hayas pasado un divorcio, o una separación que te pudo haber provocado un ataque de nervios, pero mírate ahora, aun de pie, aun sonriendo, aun completo. Solamente tú conoces el nombre de cada una de tus tormentas personales. Después de todo lo que has pasado, no tendrías por qué estar aquí. Pero ha sido la gracia de Dios de principio a fin. Has sido entrenado para resistir y para soportar las inclemencias del tiempo, por difíciles que estas sean. Una tormenta más o una tormenta menos podrían venir, pero igual resistirás porque tu fe está fundada sobre la roca. Aún te encuentras de pie, y siempre lo estarás.

~

DICIEMBRE 28

Dios ha puesto en ti la capacidad de siempre ponerte de pie y resistir. En las Escrituras dice que el justo florecerá como la palmera. Las palmeras son las únicas que están diseñadas para tocar el piso, pero pasados los fuertes vientos, se vuelven a erguir nuevamente sobre su base. Dios puso en las palmeras la capacidad de mantenerse firme y crecer sin importar las inclemencias del tiempo. Es más, los expertos que estudian la flora notaron que en su sistema radicular, algo se activa dentro de las palmeras después de resistir fuertes vientos. Dios nos comparó con algo de su creación que tiene la capacidad de ponerse de pie nuevamente. Has crecido hasta el día de hoy, no por las veces que te has quedado en la zona de la comodidad, sino las veces en que has sido abatido por los fuertes vientos. Dios ha puesto en ti la capacidad de siempre ponerte de pie y resistir.

Ver Salmos 92:12-13

DICIEMBRE 29

Dios nunca te saca de una tormenta siendo el mismo. Siempre sales de una temporada difícil, más fuerte, más sano, más sabio, mejor y listo para un nuevo crecimiento. Si habrás notado, antes de grandes bendiciones en tu vida, han venido momentos de resistir bajo fuertes tormentas. Y es que son parte del trayecto. Nunca sales igual de una tormenta de cómo entras en ella. Dios hará que el enemigo pague por traerte tiempos de oscuridad y adversidad. Lo que fue destinado para dañarte, es lo que Dios usará para tu ventaja. La tormenta no vino a quebrarte, vino a fortalecerte. Lo que te hace estar firme en tus convicciones y prioridades en el presente es que has sido un piloto de tormentas en varias ocasiones y has aprendido a ser resiliente y resistir. El mejor capítulo de tu vida está recién por comenzar. Dios nunca te saca de una tormenta siendo el mismo.

~

DICIEMBRE 30

En los tiempos oscuros y difíciles, tienes que darte cuenta de que no estás solo. Hay momentos de crisis donde tu estado emocional, debido a lo difícil de la prueba, te hace pensar que solamente eres tú pasando por eso. Son en estos momentos en que sientes que tus oraciones no son escuchadas. Pero, nada más lejos de la realidad. El hecho de que haya nubes oscuras en el cielo no quiere decir que el sol no exista. Y solamente porque has estado abrumado en tus emociones, no quiere decir que Dios no está poniendo atención a cada detalle de tu vida. Dicen las Escrituras que Dios siempre que siempre te ayudará y que siempre te sostendrá con su diestra victoriosa. Puede que en ocasiones el ser humano te haya traicionado y te haya dejado solo, pero Dios nunca lo hará. En los tiempos oscuros y difíciles, tienes que darte cuenta de que no estás solo.

Ver Isaías 41:10

~

DICIEMBRE 31

Recuerda la promesa. Este es un nuevo día. Lo que Dios ha prometido en tu vida, lo cumplirá. Las Escrituras dicen que cuando Dios ha determinado algo para que suceda, nadie puede impedírselo. Las personas no deciden tu destino, ni las adversidades deciden tu destino. Pudiste haber podido pasar por crisis, decepciones, traiciones y todo tipo de situaciones difíciles, pero eso no decide tu final. Dios ya estableció tu final, desde el principio. Así como el escritor y el guionista de una película, que sabe cómo están ordenadas todas las escenas desde el principio, así Dios conoce todas las secuencias de las escenas en tu vida. No llegaste hasta aquí para quedarte a mitad del camino, ni inconcluso. El mejor capítulo de tu vida está recién por comenzar. No es tan importante como empieces; Dios hará que termines en victoria. Y lo que se te ha prometido, ocurrirá. Recuerda la promesa.

Ver Isaías 14:27

RECONOCIMIENTOS

Este libro fue escrito con la única intención de que una palabra de esperanza pudiera llegar hasta tu vida. No tengo mérito ni crédito por ninguna de las palabras escritas aquí. Dios ya había hecho una cita divina para encontrarse contigo cada día. Nunca dejaré de estar asombrado y agradecido al mismo tiempo por la maravillosa gracia divina al utilizar a personas tan imperfectas como tu servidor.

Quiero agradecer a mi editora, Luz Marina Figuera, por su profesionalismo y su compromiso con la excelencia para que este libro estuviera listo para su publicación.

Doy muchísimas gracias a todas las personas que han estado conmigo, han orado por mí y me han dado su valioso aporte para la edición, corrección y diseño del libro que tienes en tus manos.

Finalmente, estoy infinitamente agradecido con todas las personas que están en todas mis redes sociales y que tan gentilmente se detienen en medio de sus ocupadas agendas para leer lo que Dios pone en mi corazón para publicar cada día. El mejor halago que puedo recibir es leer que agradezcan a Jesús por cada palabra. Él siempre se llevará la gloria.

Dios ya tiene un final de bien para tu vida que ningún enemigo puede cambiar. La esperanza no defrauda.

DEJAME ESCUCHAR DE TI

Una de las decisiones que cambió eternamente el rumbo de mi vida fue cuando acepté a Jesús como mi Señor y Salvador a mis dieciocho años.

Un joven se me acercó, en un campus universitario, cuando tenía una necesidad profunda de Dios y me compartió acerca de Jesús. Fue ese joven quien decidió ser obediente y compartir conmigo el amor de Dios en un momento de mi vida cuando no tenía adonde ir y cuando no tenía ninguna clase de propósito. Respetuosamente, te quiero extender esa misma oportunidad.

¿Sientes que estás en paz con Dios? Todos los seres humanos tenemos un vacío en el corazón que solamente Dios puede llenar. No se trata de pertenecer a una iglesia o encontrar una religión más. Hablo de tener un encuentro personal con el Hijo de Dios.

¿Podrías orar conmigo allí donde te encuentras? Solamente di: "Señor Jesús, me arrepiento de mis pecados. Ven a mi corazón y a mi vida. Te hago mi Señor y mi Salvador."

¡Hay fiesta en los cielos! Acabas de hacer la mejor decisión de toda tu vida. Creo que has nacido de nuevo y te animo que busques a una congregación donde estudies la palabra de Dios y que puedas crecer en comunidad.

Cada día estás en mis oraciones. Creo en que estás siendo guiado hacia lo mejor de Dios para ti. El mejor capítulo de tu vida está recién por comenzar.

Para contactarme, escríbeme a:

Freddy Silva
P.O. BOX #4461
Garden Grove, CA 92842

O puedes visitar mi cuenta oficial de Instagram en
@fasilva_autor

VERSICULOS BIBLICOS

Enero 6 - Juan 16:33

"Estas cosas os he hablado para que en mí tengáis paz. En el mundo tendréis aflicción; pero confiad, yo he vencido al mundo."

Enero 7 - Salmos 4:1

"Respóndeme cuando clamo, oh Dios de mi justicia. Cuando estaba en angustia, tú me hiciste ensanchar; Ten misericordia de mí, y oye mi oración."

Enero 9 - Lucas 12:7

"Pues aun los cabellos de vuestra cabeza están todos contados. No temáis, pues; más valéis vosotros que muchos pajarillos."

Enero 14 - Salmos 30:11

"Has cambiado mi lamento en baile; Desataste mi cilicio, y me ceñiste de alegría."

Enero 22 - Jeremías 9:11

"Porque yo sé los pensamientos que tengo acerca de vosotros, dice Jehová, pensamientos de paz, y no de mal, para daros el fin que esperáis."

Enero 23 - Deuteronomio 32:35

"Mía es la venganza y la retribución; A su tiempo el pie de ellos resbalará, Porque el día de su calamidad está cerca, Ya se apresura lo que les está preparado."

Enero 25 - Hebreos 11:6

"Pero sin fe es imposible agradar a Dios; porque es necesario que el que se acerca a Dios crea que le hay, y que es galardonador de los que le buscan."

Febrero 7 - 2 Corintios 12:7-8

"Y para que la grandeza de las revelaciones no me exaltase desmedidamente, me fue dado un aguijón en mi carne, un mensajero de Satanás que me abofetee, para que no me enaltezca sobremanera; respecto a lo cual tres veces he rogado al Señor, que lo quite de mí."

Febrero 9 - 1 Timoteo 6:12

"Pelea la buena batalla de la fe, echa mano de la vida eterna, a la cual asimismo fuiste llamado, habiendo hecho la buena profesión delante de muchos testigos."

Febrero 12 - 2 Corintios 12:9

"Y me ha dicho: Bástate mi gracia; porque mi poder se perfecciona en la debilidad. Por tanto, de buena gana me gloriaré más bien en mis debilidades, para que repose sobre mí el poder de Cristo."

Marzo 3 - Jeremías 29:11

"Porque yo sé los pensamientos que tengo acerca de vosotros, dice Jehová, pensamientos de paz, y no de mal, para daros el fin que esperáis."

Marzo 5 - Salmos 32:8

"Te haré entender, y te enseñaré el camino en que debes andar; Sobre ti fijaré mis ojos."

Marzo 6 - Salmos 121:3-4

"No dará tu pie al resbaladero, Ni se dormirá el que te guarda. He aquí, no se adormecerá ni dormirá El que guarda a Israel."

Marzo 11 - Romanos 8:28

"Y sabemos que a los que aman a Dios, todas las cosas les ayudan a bien, esto es, a los que conforme a su propósito son llamados."

Marzo 14 - Génesis 22:12

"Y dijo: No extiendas tu mano sobre el muchacho, ni le hagas nada; porque ya conozco que temes a Dios, por cuanto no me rehusaste tu hijo, tu único."

Marzo 18 - Romanos 8:28

"Y sabemos que a los que aman a Dios, todas las cosas les ayudan a bien, esto es, a los que conforme a su propósito son llamados."

Marzo 32 - Deuteronomio 8:2

"Y te acordarás de todo el camino por donde te ha traído Jehová tu Dios estos cuarenta años en el desierto, para afligirte, para probarte, para saber lo que había en tu corazón, si habías de guardar o no sus mandamientos."

Marzo 22 - Lucas 22:31-32

"Dijo también el Señor: Simón, Simón, he aquí Satanás os ha pedido para zarandearos como a trigo; pero yo he rogado por ti, que tu fe no falte; y tú, una vez vuelto, confirma a tus hermanos."

Marzo 25 - Mateo 7:24-25

"Cualquiera, pues, que me oye estas palabras, y las hace, le compararé a un hombre prudente, que edificó su casa sobre la roca. Descendió lluvia, y vinieron ríos, y soplaron vientos, y golpearon contra aquella casa; y no cayó, porque estaba fundada sobre la roca."

Abril 19 - Nehemías 6:15-16

"Fue terminado, pues, el muro, el veinticinco del mes de Elul, en cincuenta y dos días. Y cuando lo oyeron todos nuestros enemigos, temieron todas las naciones que estaban alrededor de nosotros, y se sintieron humillados, y conocieron que por nuestro Dios había sido hecha esta obra."

Abril 20 - Salmos 23:5

"Aderezas mesa delante de mí en presencia de mis angustiadores; Unges mi cabeza con aceite; mi copa está rebosando."

Abril 26 - 2 Corintios 12: 7-9

"Y para que la grandeza de las revelaciones no me exaltase desmedidamente, me fue dado un aguijón en mi carne, un mensajero de Satanás que me abofetee, para que no me enaltezca sobremanera; respecto a lo cual tres veces he rogado al Señor, que lo quite de mí. Y me ha dicho: Bástate mi gracia; porque mi poder se perfecciona en la debilidad. Por tanto, de buena gana me gloriaré más bien en mis debilidades, para que repose sobre mí el poder de Cristo."

Mayo 1 - Juan 13:27

"Y después del bocado, Satanás entró en él. Entonces Jesús le dijo: Lo que vas a hacer, hazlo más pronto."

Mayo 6 - Salmos 121:4

'He aquí, no se adormecerá ni dormirá El que guarda a Israel."

Mayo 7 - Éxodo 1:12

"Pero cuanto más los oprimían, tanto más se multiplicaban y crecían, de manera que los egipcios temían a los hijos de Israel."

Mayo 13 - Hebreos 11:6

"Pero sin fe es imposible agradar a Dios; porque es necesario que el que se acerca a Dios crea que le hay, y que es galardonador de los que le buscan."

Mayo 16 - Salmos 32:8

"Te haré entender, y te enseñaré el camino en que debes andar; Sobre ti fijaré mis ojos."

Mayo 18 - Proverbios 27:17

"Como el hierro se afila con hierro, así un amigo se afila con su amigo."

Junio 10 - Jeremías 29:11

"Porque yo sé los pensamientos que tengo acerca de vosotros, dice Jehová, pensamientos de paz, y no de mal, para daros el fin que esperáis.

Julio 6 - Lucas 12:7

"Pues aun los cabellos de vuestra cabeza están todos contados. No temáis, pues; más valéis vosotros que muchos pajarillos."

Julio 7 - Génesis 41-38-40

"Y dijo Faraón a sus siervos: ¿Acaso hallaremos a otro hombre como este, en quien esté el espíritu de Dios? Y dijo Faraón a José: Pues que Dios te ha hecho saber todo esto, no hay entendido ni sabio como tú. Tú estarás sobre mi casa, y por tu palabra se gobernará todo mi pueblo; solamente en el trono seré yo mayor que tú."

Julio 20 - Salmos 1:6

"Porque Jehová conoce el camino de los justos; Mas la senda de los malos perecerá."

Julio 31 - Génesis 50:20

"Vosotros pensasteis mal contra mí, mas Dios lo encaminó a bien, para hacer lo que vemos hoy, para mantener en vida a mucho pueblo."

Agosto 3 - Isaías 40:29

"Él da esfuerzo al cansado, y multiplica las fuerzas al que no tiene ningunas."

Agosto 11 - Jeremías 29:11

"Porque yo sé los pensamientos que tengo acerca de vosotros, dice Jehová, pensamientos de paz, y no de mal, para daros el fin que esperáis."

Agosto 14 - Génesis 45:7-8

"Y Dios me envió delante de vosotros, para preservaros posteridad sobre la tierra, y para daros vida por medio de gran liberación. Así, pues, no me enviasteis acá vosotros, sino Dios, que me ha puesto por padre de Faraón y por señor de toda su casa, y por gobernador en toda la tierra de Egipto."

Agosto 15 - Génesis 45:15

"Ahora, pues, no os entristezcáis, ni os pese de haberme vendido acá; porque para preservación de vida me envió Dios delante de vosotros."

Agosto 23 - Salmos 121:4

"He aquí, no se adormecerá ni dormirá El que guarda a Israel."

Agosto 24 - Salmos 134:6

"Dios hace lo que quiere en el cielo y en la tierra, en el mar y en sus profundidades."

Agosto 25 - Isaías 41:10

"No temas, porque yo estoy contigo; no desmayes, porque yo soy tu Dios que te esfuerzo; siempre te ayudaré, siempre te sustentaré con la diestra de mi justicia."

Septiembre 3 - Romanos 12:19

"No os venguéis vosotros mismos, amados míos, sino dejad lugar a la ira de Dios; porque escrito está: Mía es la venganza, yo pagaré, dice el Señor."

Septiembre 6 - Génesis 39:2-3

"Mas Jehová estaba con José, y fue varón próspero; y estaba en la casa de su amo el egipcio. Y vio su amo que Jehová estaba con él, y que todo lo que él hacía, Jehová lo hacía prosperar en su mano."

Septiembre 9 - Lucas 23:26

"Y llevándole, tomaron a cierto Simón de Cirene, que venía del campo, y le pusieron encima la cruz para que la llevase tras Jesús."

Septiembre 10 - Isaías 41:10

"No temas, porque yo estoy contigo; no desmayes, porque yo soy tu Dios que te esfuerzo; siempre te ayudaré, siempre te sustentaré con la diestra de mi justicia."

Septiembre 16 - Éxodo 12:33-36

"Y los egipcios apremiaban al pueblo, dándose prisa a echarlos de la tierra; porque decían: Todos somos muertos. Y llevó el pueblo su masa antes que se leudase, sus masas envueltas en sus sábanas sobre sus hombros. E hicieron los hijos de Israel conforme al mandamiento de Moisés, pidiendo de los egipcios alhajas de plata, y de oro, y vestidos. Y Jehová dio gracia al pueblo delante de los egipcios, y les dieron cuanto pedían; así despojaron a los egipcios."

Septiembre 20 - Joel 25:25-26

"Y os restituiré los años que comió la oruga, el saltón, el revoltón y la langosta, mi gran ejército que envié contra vosotros.- Comeréis hasta saciaros, y alabaréis el nombre de Jehová vuestro Dios, el cual hizo maravillas con vosotros; y nunca jamás será mi pueblo avergonzado."

Septiembre 23 - Éxodo 12:35

"E hicieron los hijos de Israel conforme al mandamiento de Moisés, pidiendo de los egipcios alhajas de plata, y de oro, y vestidos. Y Jehová dio gracia al pueblo delante de los egipcios, y les dieron cuanto pedían; así despojaron a los egipcios."

Septiembre 24 - Proverbios 16:7

"Cuando los caminos del hombre son agradables a Jehová, Aun a sus enemigos hace estar en paz con él."

Septiembre 27 - 1 Samuel 24:3-5

"Por el camino, llegó a un corral de ovejas; y como había una cueva en el lugar, entró allí para hacer sus necesidades. David estaba escondido en el fondo de la cueva con sus hombres y estos dijeron:

—En verdad, hoy se cumple la promesa que te hizo el Señor cuando te dijo: "Yo pondré a tu enemigo en tus manos, para que hagas con él lo que mejor te parezca".

David se levantó sin hacer ruido y cortó el borde del manto de Saúl.

Pero le remordió la conciencia por lo que había hecho y dijo a sus hombres:

—¡Que el Señor me libre de hacerle al rey lo que ustedes sugieren! No puedo alzar la mano contra él, porque es el ungido del Señor."

Septiembre 30 - 1 Pedro 4:12-13

"Amados, no os sorprendáis del fuego de prueba que os ha sobrevenido, como si alguna cosa extraña os aconteciese, sino gozaos por cuanto sois participantes de los padecimientos de Cristo, para que también en la revelación de su gloria os gocéis con gran alegría."

Octubre 1 - Hebreos 11:6

"Pero sin fe es imposible agradar a Dios; porque es necesario que el que se acerca a Dios crea que le hay, y que es galardonador de los que le buscan."

Octubre 2 - Éxodo 33:6

"Deja este lugar y lleva al pueblo que sacaste de Egipto a la tierra que les prometí a Abraham, a Isaac y a Jacob. Yo les aseguré que esa tierra sería para sus descendientes. ¡Es tan rica que siempre hay abundancia de alimentos! Enviaré a mi ángel para que te guíe, y echaré de allí a todos los pueblos que no me obedecen."

Octubre 8 - Hebreos 11:6
"Pero sin fe es imposible agradar a Dios; porque es necesario que el que se acerca a Dios crea que le hay, y que es galardonador de los que le buscan."

Octubre 13 - Filipenses 3:13-14
"Hermanos, yo mismo no pretendo haberlo ya alcanzado; pero una cosa hago: olvidando ciertamente lo que queda atrás, y extendiéndome a lo que está delante, prosigo a la meta, al premio del supremo llamamiento de Dios en Cristo Jesús."

Octubre 14 - Salmos 138:8
"Aunque pase por el valle de sombra de muerte, no temeré mal alguno, porque tú estás conmigo; tu vara y tu cayado me infunden aliento."

Octubre 18 - Juan 16:32
"He aquí la hora viene, y ha venido ya, en que seréis esparcidos cada uno por su lado, y me dejaréis solo; mas no estoy solo, porque el Padre está conmigo."

Octubre 22 - Mateo 7:24-29
"Cualquiera, pues, que me oye estas palabras, y las hace, le compararé a un hombre prudente, que edificó su casa sobre la roca. Descendió lluvia, y vinieron ríos, y soplaron vientos, y golpearon contra aquella casa; y no cayó, porque estaba fundada sobre la roca. Pero cualquiera que me oye estas palabras y no las hace, le compararé a un hombre insensato, que edificó su casa sobre la arena; y descendió lluvia, y vinieron ríos, y soplaron vientos, y dieron con ímpetu contra aquella casa; y cayó, y fue grande su ruina.
Y cuando terminó Jesús estas palabras, la gente se admiraba de su doctrina; porque les enseñaba como quien tiene autoridad, y no como los escribas."

Octubre 24 - Lucas 8:22-25
"Un día, Jesús entró en una barca con sus discípulos, y les dijo:
—Vamos al otro lado del lago.
Partieron, pues, y mientras cruzaban el lago, Jesús se durmió. En esto se desató una fuerte tormenta sobre el lago, y la barca empezó a llenarse de agua y corrían peligro de hundirse. Entonces fueron a despertar a Jesús, diciéndole:
—¡Maestro! ¡Maestro! ¡Nos estamos hundiendo!

Jesús se levantó y dio una orden al viento y a las olas, y todo se calmó y quedó tranquilo. Después dijo a los discípulos:

—¿Qué pasó con su fe?

Pero ellos, asustados y admirados, se preguntaban unos a otros:

—¿Quién será éste, que da órdenes al viento y al agua, y lo obedecen?"

Octubre 25 - 1 Pedro 4:12

"Amados, no os sorprendáis del fuego de prueba que os ha sobrevenido, como si alguna cosa extraña os aconteciese, sino gozaos por cuanto sois participantes de los padecimientos de Cristo, para que también en la revelación de su gloria os gocéis con gran alegría."

Octubre 26 - Mateo 8:26

"Él les dijo: ¿Por qué teméis, hombres de poca fe? Entonces, levantándose, reprendió a los vientos y al mar; y se hizo grande bonanza."

Octubre 28 * Isaías 41:10

"No temas, porque yo estoy contigo; no desmayes, porque yo soy tu Dios que te esfuerzo; siempre te ayudaré, siempre te sustentaré con la diestra de mi justicia."

Octubre 31 - Jeremías 29:11

"Porque yo sé los pensamientos que tengo acerca de vosotros, dice Jehová, pensamientos de paz, y no de mal, para daros el fin que esperáis."

Noviembre 1 - Hebreos 6:17-20

"Por lo cual, queriendo Dios mostrar más abundantemente a los herederos de la promesa la inmutabilidad de su consejo, interpuso juramento; para que por dos cosas inmutables, en las cuales es imposible que Dios mienta, tengamos un fortísimo consuelo los que hemos acudido para asirnos de la esperanza puesta delante de nosotros. La cual tenemos como segura y firme ancla del alma, y que penetra hasta dentro del velo, donde Jesús entró por nosotros como precursor, hecho sumo sacerdote para siempre según el orden de Melquisedec."

Noviembre 2 - Romanos 5:5

"Y esta esperanza no nos defrauda, porque Dios ha derramado su amor en nuestro corazón por el Espíritu Santo que nos ha dado."

Noviembre 5 - Zacarías 9:12

"Volveos a la fortaleza, oh prisioneros de esperanza; hoy también os anuncio que os restauraré el doble."

Noviembre 6 - Romanos 4:18

"Él creyó en esperanza contra esperanza, para llegar a ser padre de muchas gentes, conforme a lo que se le había dicho: Así será tu descendencia."

Noviembre 12 - Jeremías 29:11

"Porque yo sé los pensamientos que tengo acerca de vosotros, dice Jehová, pensamientos de paz, y no de mal, para daros el fin que esperáis."

Noviembre 17 - 1 Samuel 17:37

"Añadió David: Jehová, que me ha librado de las garras del león y de las garras del oso, él también me librará de la mano de este filisteo. Y dijo Saúl a David: Ve, y Jehová esté contigo."

Noviembre 22 - Salmos 121:4

"He aquí, no se adormecerá ni dormirá El que guarda a Israel."

Diciembre 4 - Jeremías 29:11

"Porque yo sé los pensamientos que tengo acerca de vosotros, dice Jehová, pensamientos de paz, y no de mal, para daros el fin que esperáis."

Diciembre 5 - Romanos 8:28

"Y sabemos que a los que aman a Dios, todas las cosas les ayudan a bien, esto es, a los que conforme a su propósito son llamados."

Diciembre 6 - Éxodo 12:35-36.

"E hicieron los hijos de Israel conforme al mandamiento de Moisés, pidiendo de los egipcios alhajas de plata, y de oro, y vestidos. Y Jehová dio gracia al pueblo delante de los egipcios, y les dieron cuanto pedían; así despojaron a los egipcios."

Diciembre 17 - Salmos 119:105.

"Lámpara es a mis pies tu palabra, Y lumbrera a mi camino."

Diciembre 18 - Hebreos 11:6.

"Pero sin fe es imposible agradar a Dios; porque es necesario que el que se acerca a Dios crea que le hay, y que es galardonador de los que le buscan."

Diciembre 23 - 1 Reyes 17:9

"Levántate, vete a Sarepta de Sidón, y mora allí; he aquí yo he dado orden allí a una mujer viuda que te sustente."

Diciembre 26 - Mateo 7:24-27

"Cualquiera, pues, que me oye estas palabras, y las hace, le compararé a un
hombre prudente, que edificó su casa sobre la roca. Descendió lluvia, y
vinieron ríos, y soplaron vientos, y golpearon contra aquella casa; y no
cayó, porque estaba fundada sobre la roca. Pero cualquiera que me oye
estas palabras y no las hace, le compararé a un hombre insensato, que
edificó su casa sobre la arena; y descendió lluvia, y vinieron ríos, y
soplaron vientos, y dieron con ímpetu contra aquella casa; y cayó, y fue
grande su ruina."

Diciembre 28 - Salmos 92: 12-13.

"El justo florecerá como la palmera; Crecerá como cedro en el Líbano. Plan-
tados en la casa de Jehová, En los atrios de nuestro Dios florecerán."

Diciembre 30 - Isaías 41:10.

"No temas, porque yo estoy contigo; no desmayes, porque yo soy tu Dios
que te esfuerzo; siempre te ayudaré, siempre te sustentaré con la diestra
de mi justicia."

Diciembre 31 - Isaías 14:27.

"Porque Jehová de los ejércitos lo ha determinado, ¿y quién lo impedirá? Y
su mano extendida, ¿quién la hará retroceder?".

TAMBIÉN POR FREDDY SILVA

EL PERFECTO GUIONISTA DEL UNIVERSO

"Dios ya estuvo en tu futuro y sabe que llegarás a destino".

Encuéntralo en Amazon, Barnes & Noble, Google Books, Walmart, eBay, y en la mayoría de las plataformas digitales en su versión en libro electrónico.

www.ingramcontent.com/pod-product-compliance
Lightning Source LLC
Chambersburg PA
CBHW031108160726

47991CB00004B/1287